# Diario de Gratitud

## y mandalas para colorear

52 inspiraciones para dar las gracias
cada día, cultivar la creatividad
y transformar tu vida.

Diseño de interior y portada: Laura Benavides
Selección de citas: Carla Nieto

© de la presente edición
   **EDITORIAL SIRIO, S.A.**
   C/ Rosa de los Vientos, 64
   Pol. Ind. El Viso
   29006-Málaga
   España

www.editorialsirio.com
sirio@editorialsirio.com

I.S.B.N.: 978-84-18000-73-7
Depósito Legal: MA-890-2020

Impreso en Imagraf Impresores, S. A.
c/ Nabucco, 14 D - Pol. Alameda
29006 - Málaga

Impreso en España

Puedes seguirnos en Facebook, Twitter, YouTube e Instagram.

*Cualquier forma de reproducción, distribución, comunicación pública o transformación de esta obra solo puede ser realizada con la autorización de sus titulares, salvo excepción prevista por la ley. Diríjase a CEDRO (Centro Español de Derechos Reprográficos, www.cedro.org) si necesita fotocopiar o escanear algún fragmento de esta obra.*

# Diario de Gratitud

## y mandalas para colorear

52 inspiraciones para dar las gracias
cada día, cultivar la creatividad
y transformar tu vida.

EDITORIAL SIRIO

# Introducción

Hemos creado este Diario con la idea de que des rienda suelta a tu inspiración y cultives una **actitud positiva** ante la vida.

Verás que sus hojas están organizadas semanalmente, pero recuerda que puedes seguir **tu propio ritmo** e ir escribiendo los días que te apetezca. Cada semana arranca con un mandala para colorear y una perla de sabiduría, citas inspiradoras que te ayudarán a escribir tu *Agradecimiento del día.* Igualmente, si no te apetece colorear los mandalas, puedes dejarlos como elementos decorativos... ¡A tu gusto!

Cada cuatro páginas semanales descubrirás unas hojas especiales en las que podrás anotar *reflexiones* más íntimas y profundas. Empiezan con una sugerencia de propósito de vida, con la frase «*A partir de hoy...*». Los temas que se proponen son sugerencias para la reflexión y encontrarás propuestas sobre la compasión, el perdón, el autocuidado, tus deseos... pero, como decimos, son sugerencias... puedes escribir sobre lo que te inspire en cada ocasión.

Al pie de estas hojas de reflexión hemos incluido la **recomendación** de algún libro de Editorial Sirio relacionado con el tema que se propone, y, en la página siguiente, también te proponemos una **meditación guiada** para oír online de forma gratuita en nuestro canal de You Tube. Al final de este libro encontrarás los **códigos QR** que te llevarán a los enlaces correspondientes: en el caso de las lecturas (que se identifican con el símbolo ☰ ), a la ficha del libro en nuestra web; y, en el caso de las meditaciones (que se identifican con el símbolo ⫿⫿⫿ ), al enlace de YouTube donde podrás disfrutar de la meditación guiada.

*¡Gracias!*

Despierta al amanecer con un corazón alado
y da las gracias por otro día de amor.

**Kahlil Gibran**
Pintor, poeta y novelista
libanés

# Hoy doy las gracias

Fecha

1

2

3

4

5

6

7

El objetivo de la vida es la gratitud;
no tiene ningún sentido no apreciar las cosas;
y tampoco tiene ningún sentido tener más
de algo si no lo aprecias.

**Gilbert K. Chesterton**

Escritor y periodista
británico

Hoy doy
las gracias
1
2
3
4
5
6
7

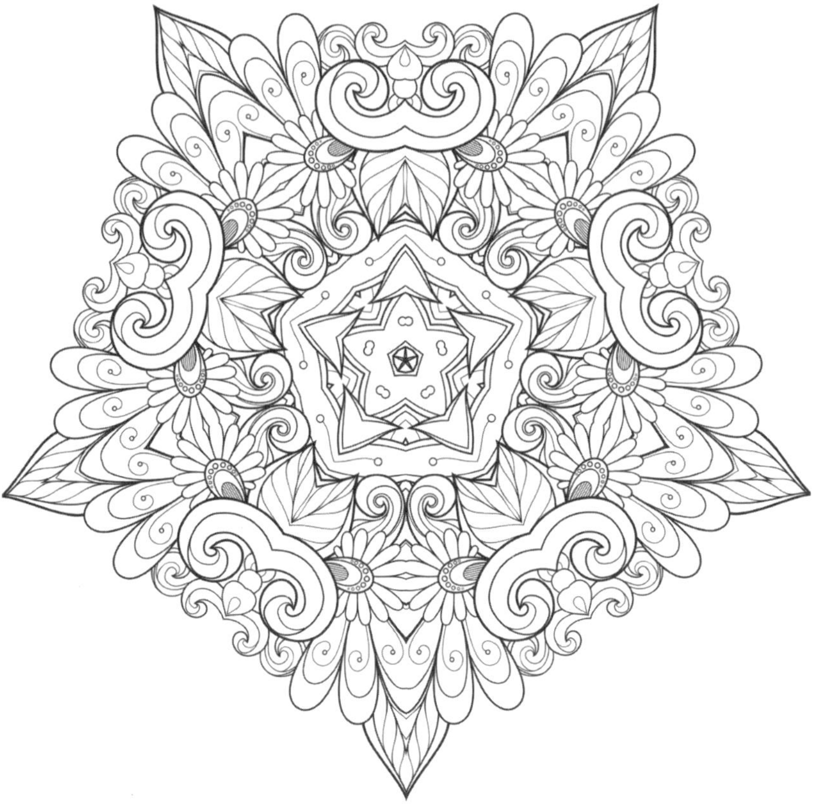

No tengo que perseguir momentos extraordinarios para encontrar la felicidad. Ella está justo enfrente de mí si presto atención y practico la gratitud.

*Brené Brown*

Profesora, investigadora y escritora estadounidense

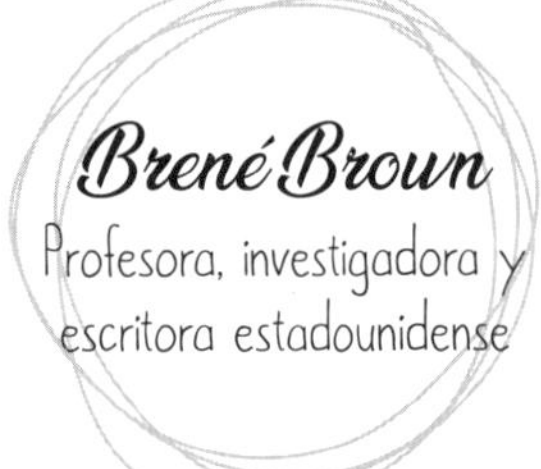

1
2
3
4
HOY DOY LAS
GRACIAS
5
6
7

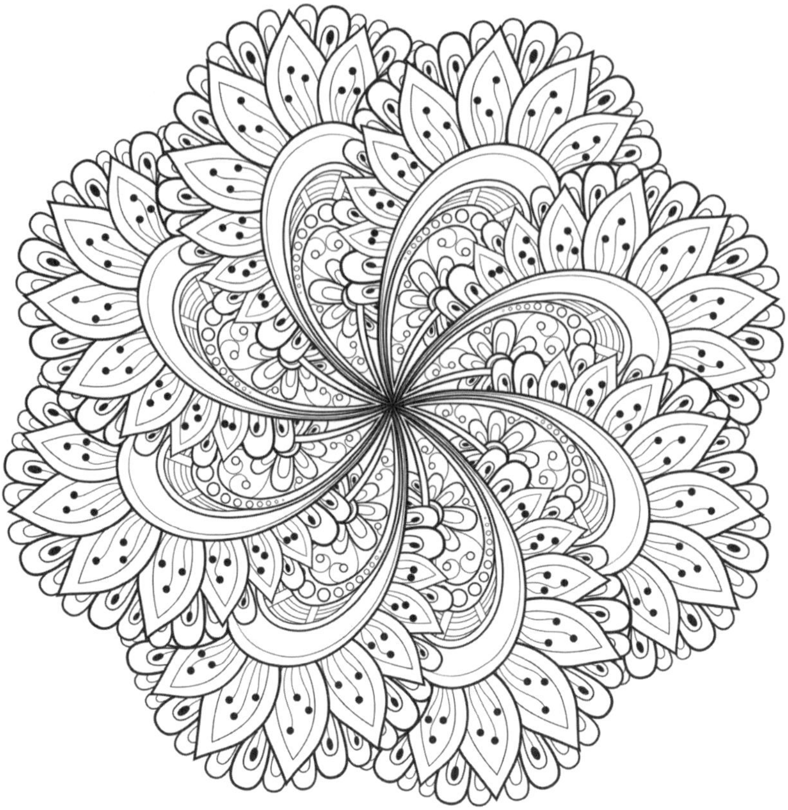

Solo hay dos formas de vivir la vida:
una es pensando que nada es un milagro.
La otra es creer que todo lo es.

*Albert Einstein*
Físico alemán

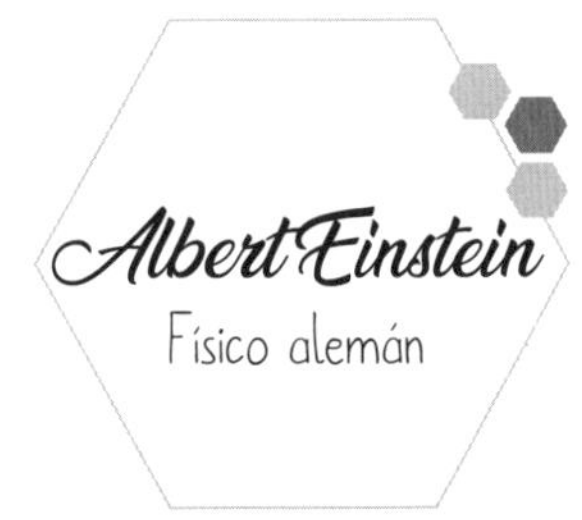

# HOY DOY LAS GRACIAS

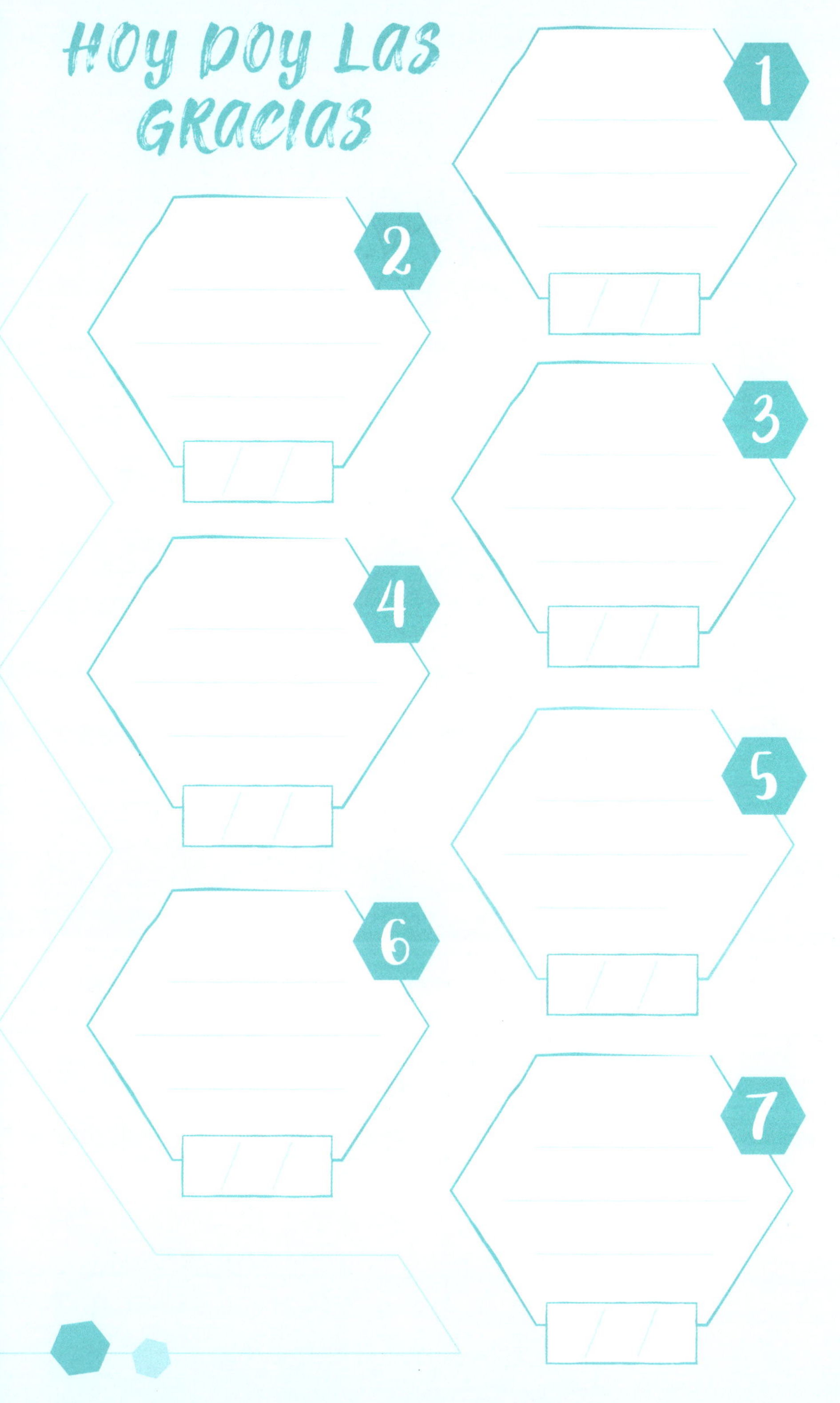

A partir de hoy
me doy permiso para

 LECTURA RECOMENDADA | *Autoestima* | Patrick Fanning y Matthew McKay

Deja de hablar del huracán que ya pasó,
deja de hablar del pasado y observa el
nuevo amanecer lleno de posibilidades.
Observa, vive y agradece cada nuevo día
como una nueva oportunidad, para hacer que
cada día de tu vida sea una vida mejor.

**Javier Iriondo**
Conferenciante
y escritor español

# Hoy doy las gracias

Fecha

1

2

3

4

5

6

7

Hay veces que la vida cruza en tu camino
cosas maravillosas, que aparecen porque sí,
que no buscas y sin embargo encuentras.
En tu mano está entonces aprender a
valorarlas como se merecen. A veces se trata
de personas; a veces de momentos fugaces.

El penúltimo sueño
*Ángela Becerra*
Escritora
colombiana

# Hoy doy las gracias

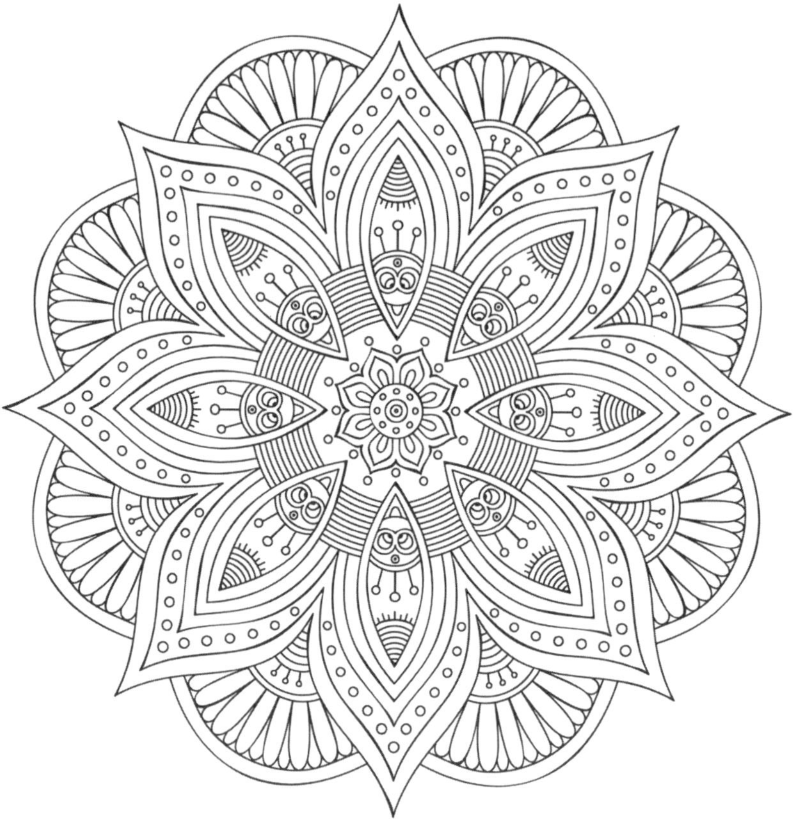

La esencia de todo bello arte
es la gratitud.

**Friedrich Nietzsche**
Filósofo alemán

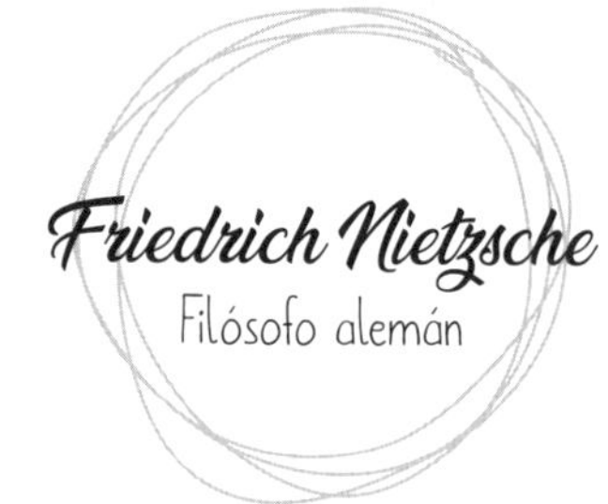

1
2
3
4
HOY DOY LAS GRACIAS
5
6
7

El hombre sabio no se aflige por lo que
no tiene, sino que se alegra por lo que tiene.

Epicteto
Filósofo griego

# HOY DOY LAS GRACIAS

A partir de hoy
me perdono

La gratitud es un antídoto para las emociones negativas, un neutralizador de la envidia, la hostilidad, la preocupación y la irritación.

**Sonja Lyubomirsky**
Psicóloga y escritora rusa

# Hoy doy las gracias

Fecha

1

2

3

4

5

6

7

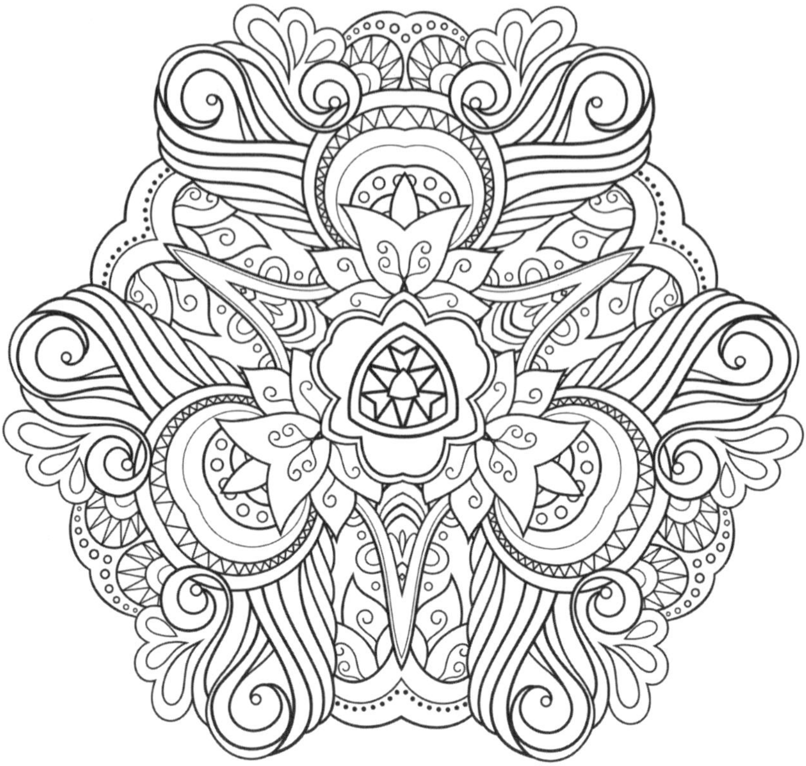

La vida no es fácil para ninguno de nosotros.
Pero... ¡qué importa! Hay que perseverar y,
sobre todo, tener confianza en uno mismo.
Hay que sentirse dotado para realizar
alguna cosa y pensar que esa cosa hay
que alcanzarla, cueste lo que cueste.

Hoy doy
las gracias
1
2
3
4
5
6
7

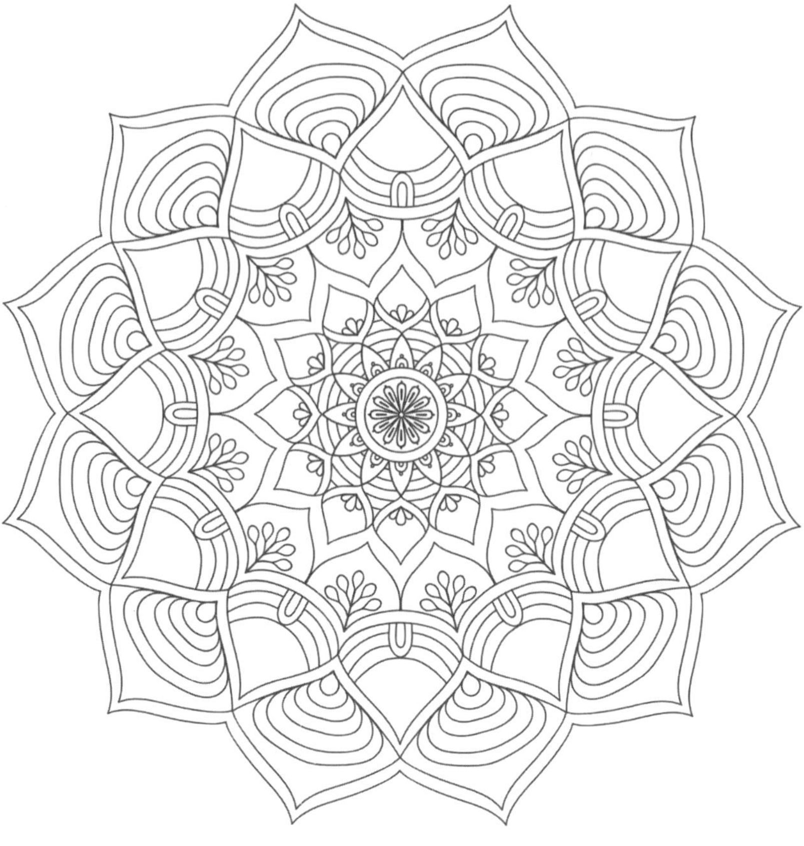

La gratitud es la señal de las almas nobles.

**Esopo**
Fabulista griego

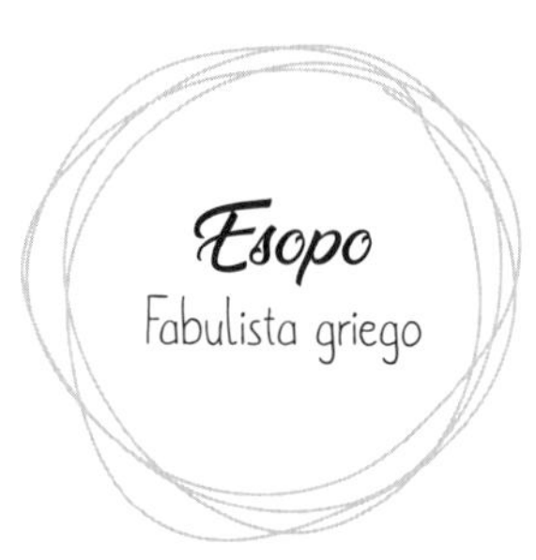

1
2
3
4
HOY DOY LAS GRACIAS
5
6
7

La vida es una obra de teatro que no
permite ensayos; por eso, canta, ríe, baila,
llora y vive intensamente cada momento
de tu vida...antes de que el telón baje
y la obra termine sin aplausos.

**Charles Chaplin**
Actor y director
de cine británico

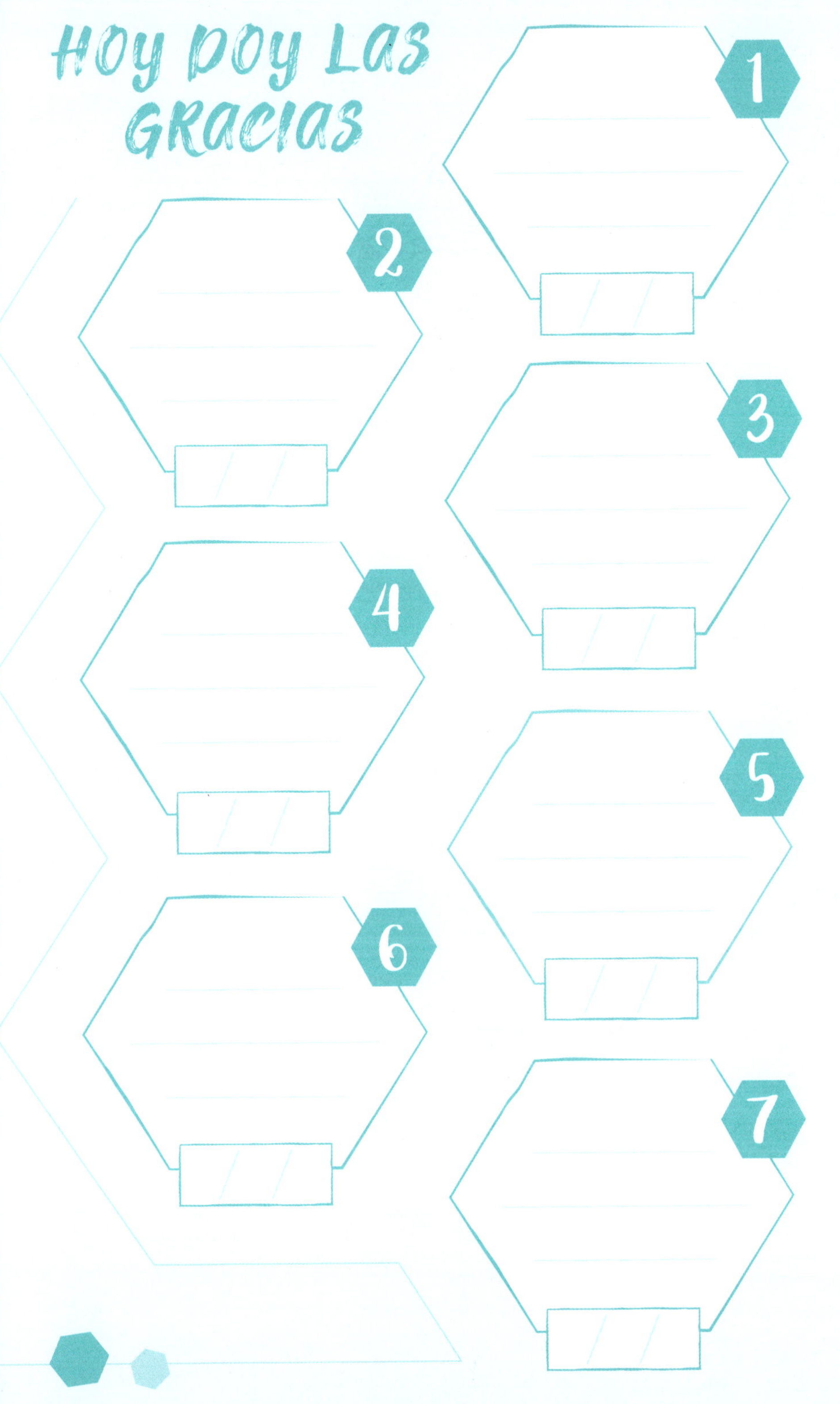

HOY DOY LAS GRACIAS
1
2
3
4
5
6
7

A partir de hoy
me cuido y dedico
tiempo

Se me ha dado tanto que no tengo tiempo para reflexionar sobre lo que se me ha denegado.

**Hellen Keller**

Escritora, oradora y activista política estadounidense

# Hoy doy las gracias

Fecha

1

2

3

4

5

6

7

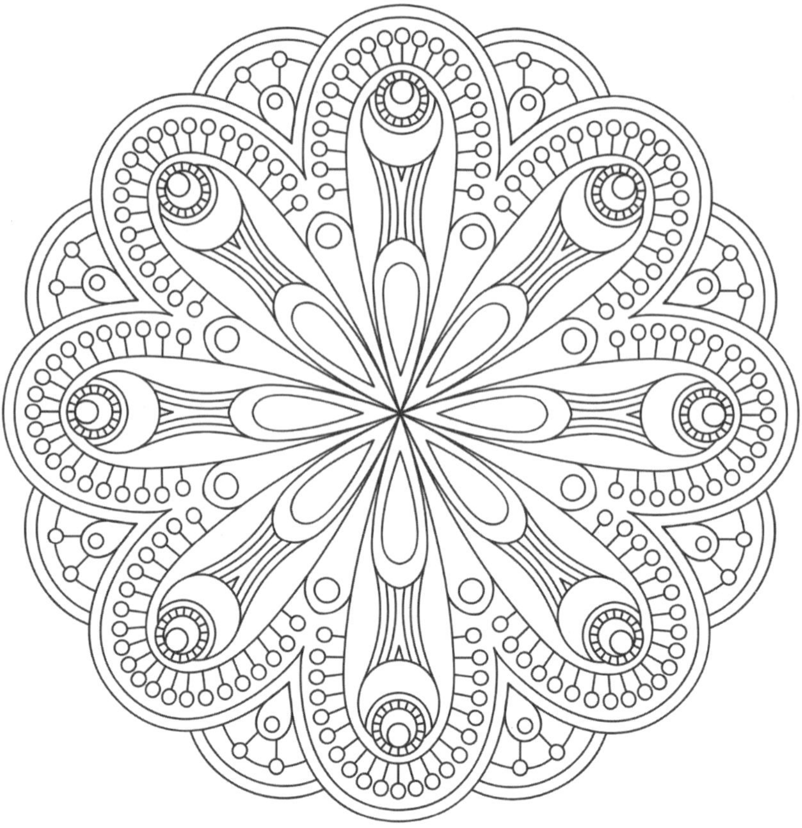

Seamos agradecidos con las personas que nos hacen felices; ellos son los encantadores jardineros que hacen florecer nuestra alma.

*Marcel Proust*
Novelista y ensayista francés

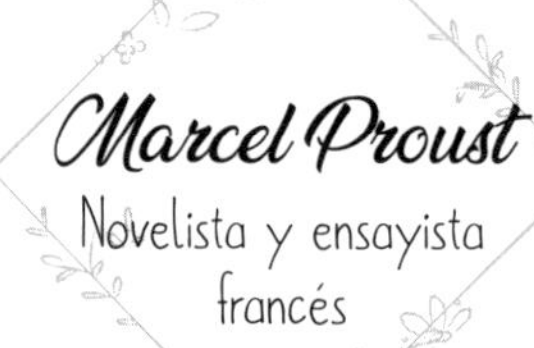

# Hoy doy las gracias

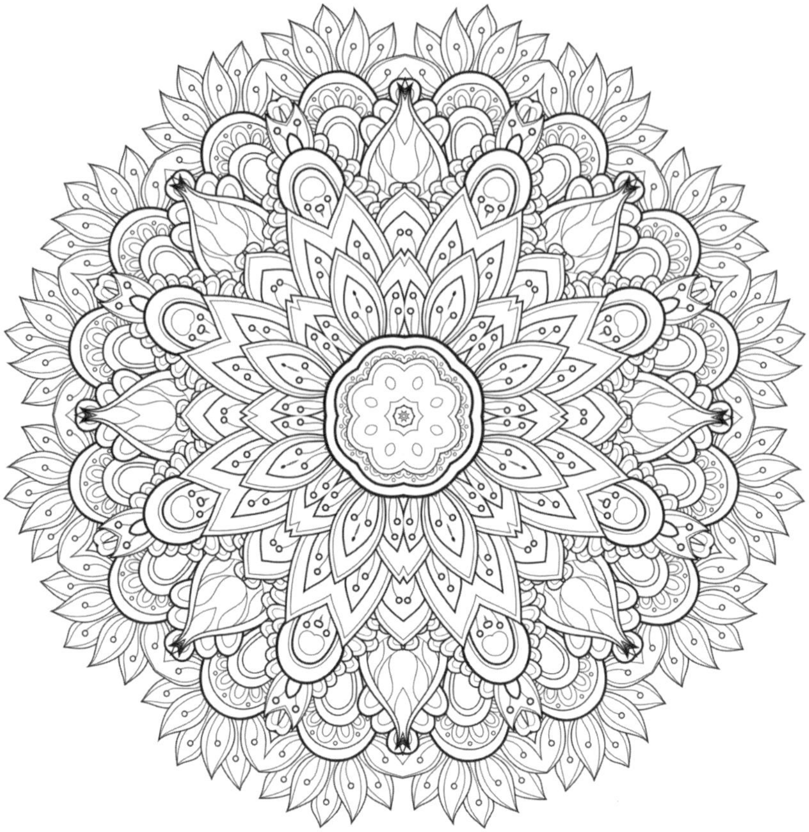

Cada tic-tac es un segundo de la vida
que pasa, huye y no se repite. Y hay en
ella tanta intensidad, tanto interés, que
el problema es solo saberla vivir. Que
cada uno lo resuelva como pueda.

1
2
3
4
5
HOY DOY LAS
GRACIAS
6
7

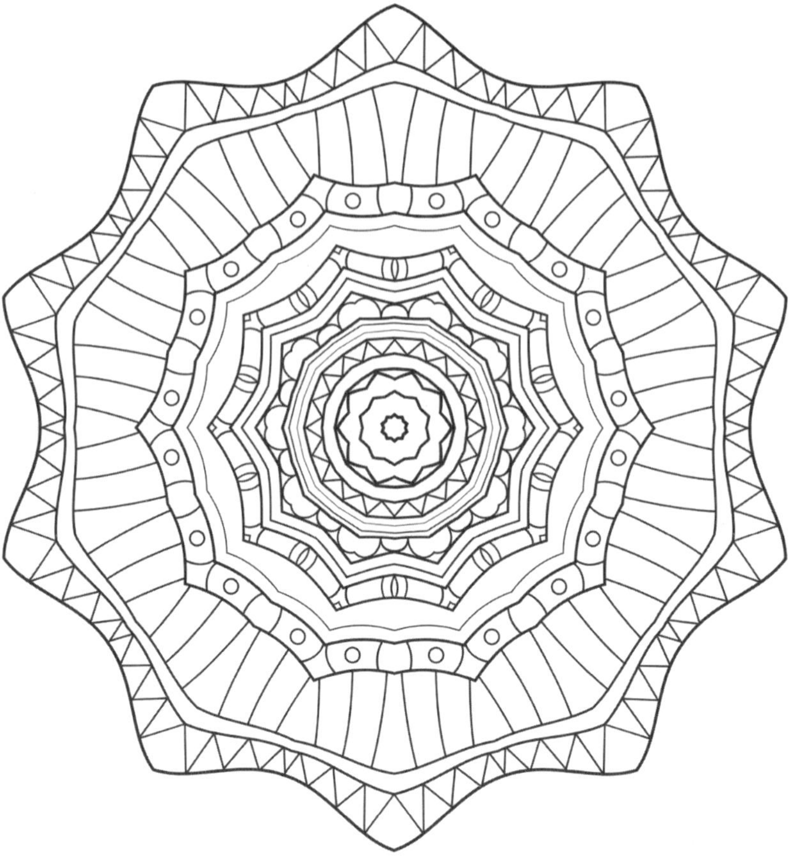

Tal vez la gratitud no sea la virtud más importante, pero es la madre de todas las demás virtudes.

**Marco Tulio Cicerón**

Jurista, político y orador romano

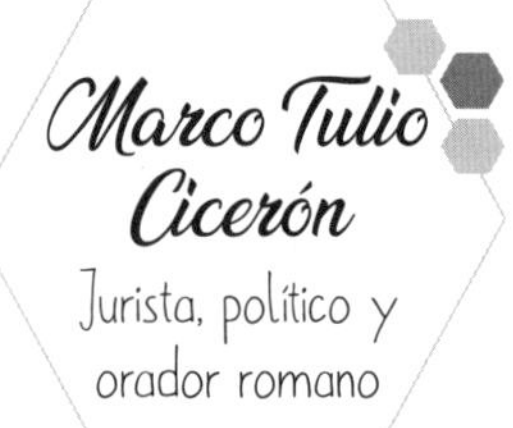

# HOY DOY LAS GRACIAS

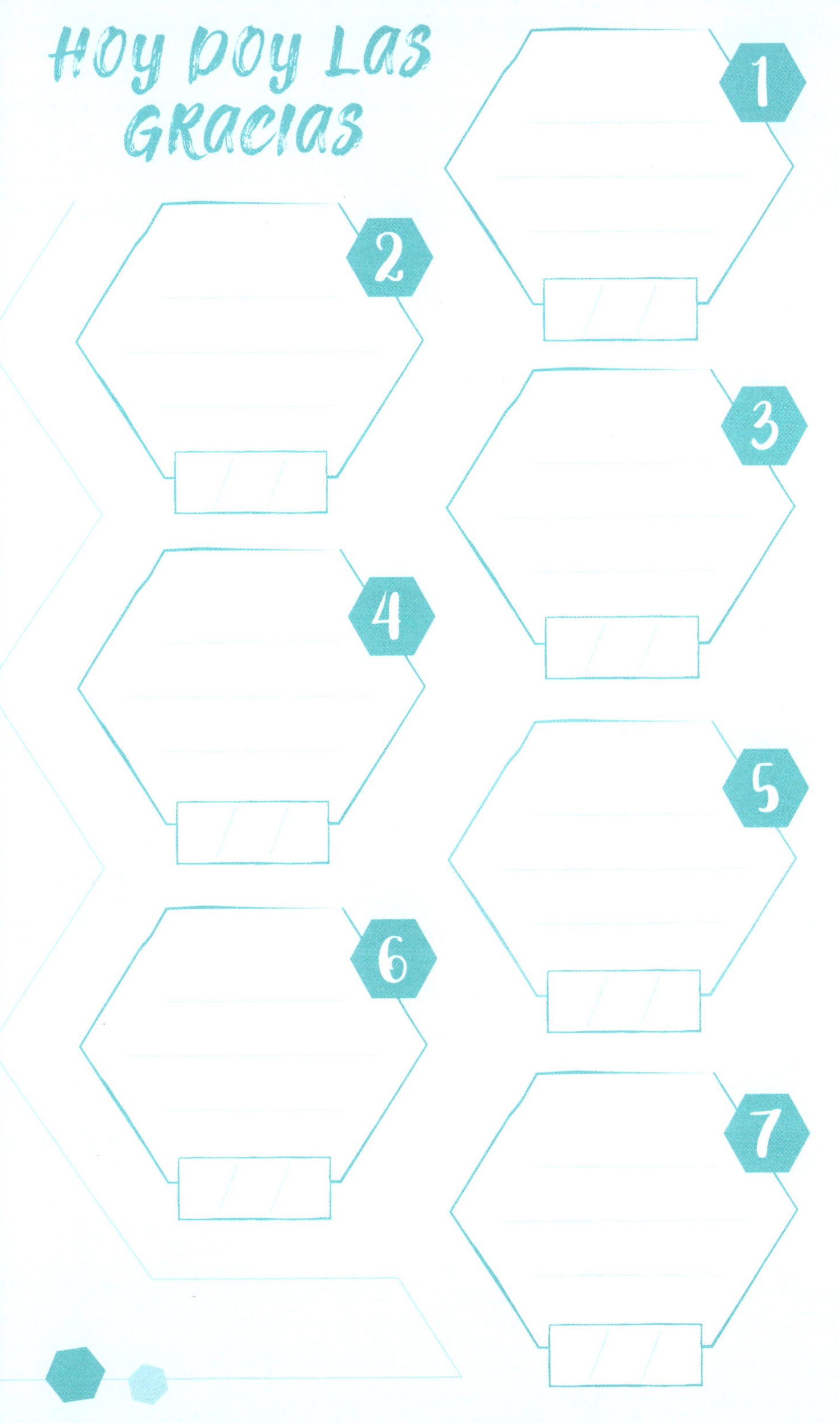

A partir de hoy
abrazo mis
imperfecciones

¡Actúa en vez de suplicar! ¡Sacrifícate sin
esperanza de gloria ni recompensa!
Si quieres conocer los milagros, hazlo tú antes.
Solo así podrá cumplirse tu peculiar destino.

**Ludwig van
Beethoven**
Músico y compositor
alemán

# Hoy doy las gracias

Fecha

1

2

3

4

5

6

7

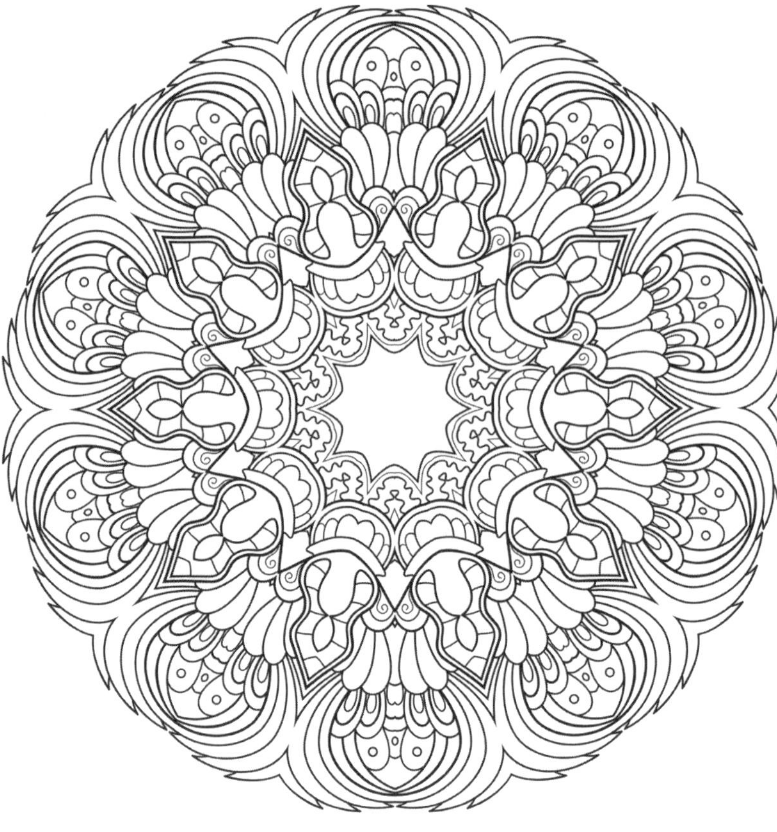

Quien no agradece por poco no
agradecerá por mucho.

*Proverbio estonio*

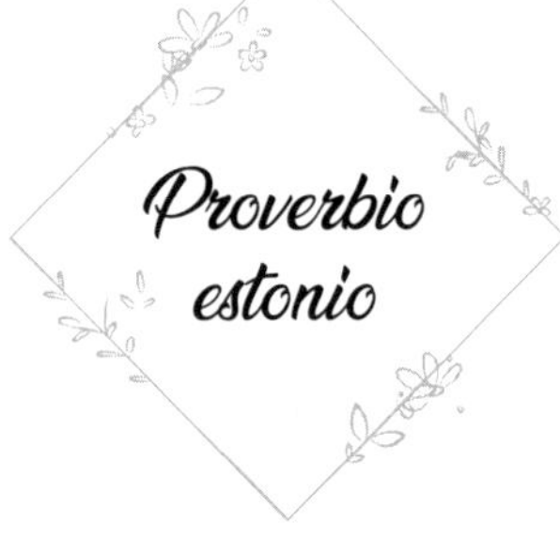

Hoy doy
las gracias
1
2
3
4
5
6
7

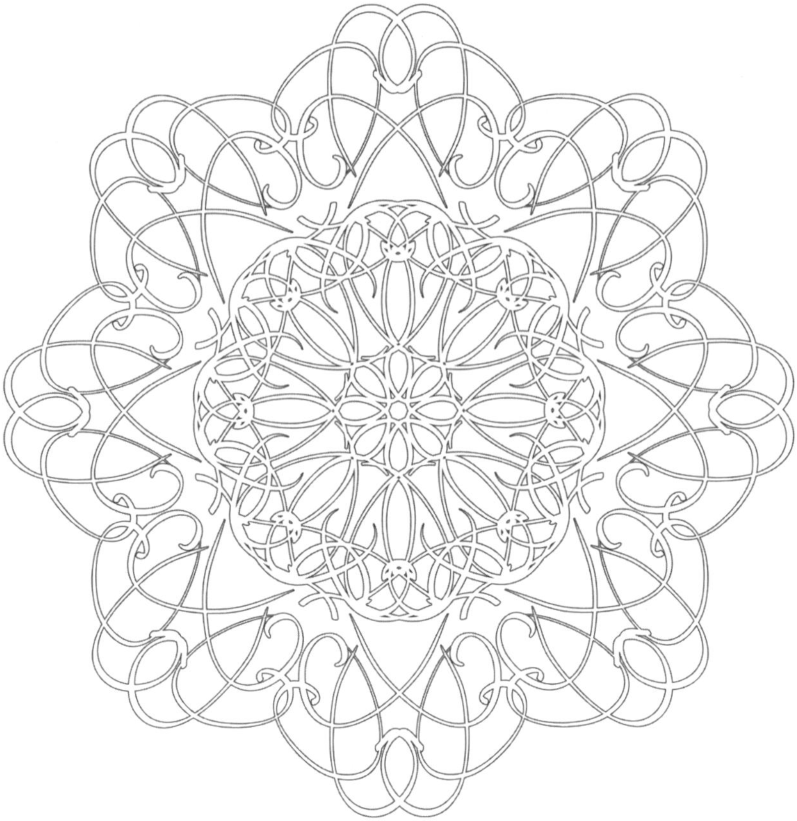

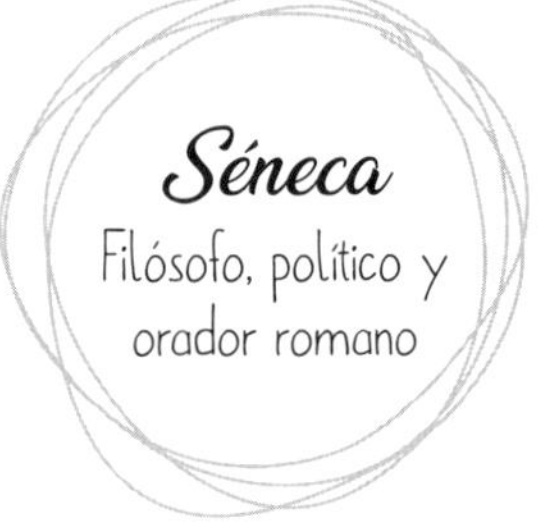

La verdadera felicidad es disfrutar del presente, sin depender ansiosamente del futuro; no ocuparnos con esperanzas o temores, sino descansar satisfechos con lo que tenemos, lo cual es suficiente porque el que actúa así, no quiere nada. Las mayores bendiciones de la Humanidad están dentro de nosotros y están a nuestro alcance. Un sabio se contenta con su suerte, cualquiera que sea, sin desear lo que no tiene.

**Séneca**
Filósofo, político y orador romano

1
2
3
4
HOY DOY LAS GRACIAS
5
6
7

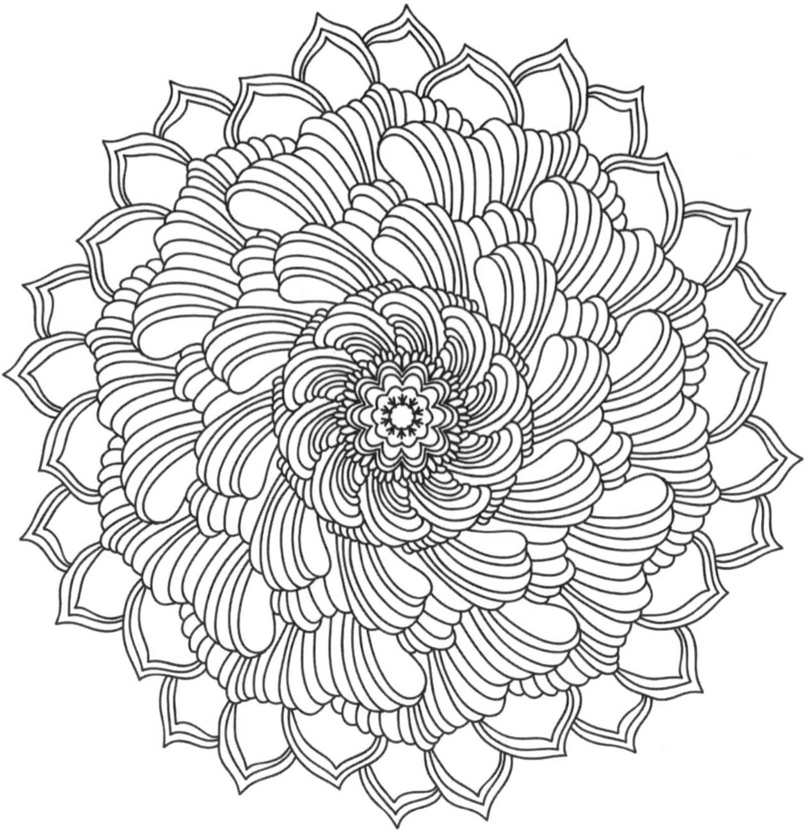

Siempre hay flores para aquellos
que quieren verlas.

Henri
Matisse
Pintor francés

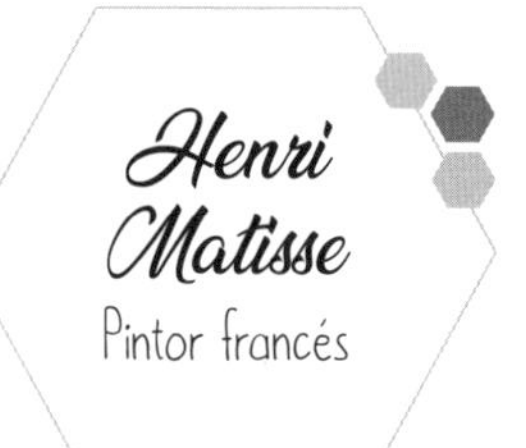

# HOY DOY LAS GRACIAS

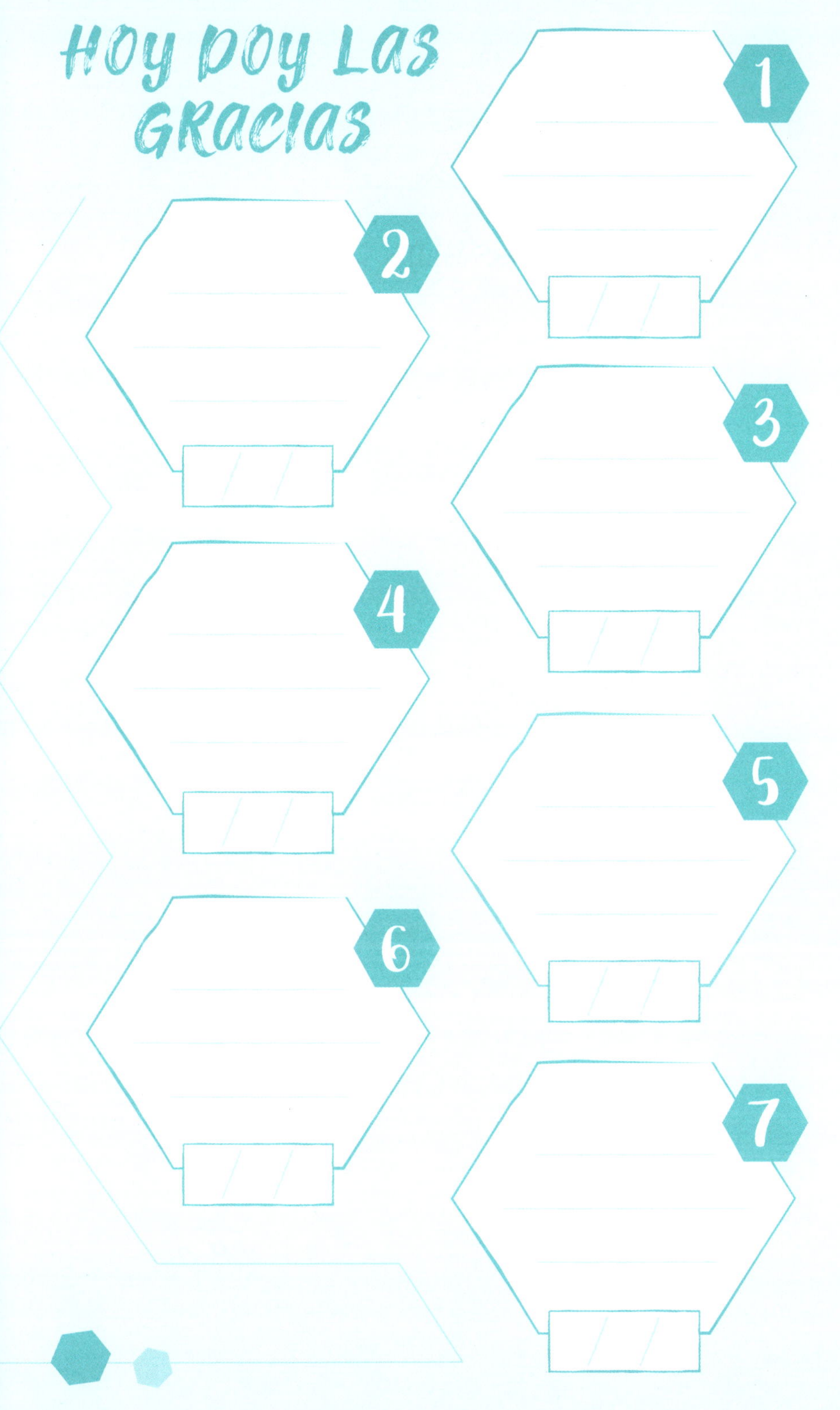

A partir de hoy,
suelto y confío

La gratitud es una cualidad similar a la electricidad: debe producirse, descargarse y agotarse para poder existir.

**William Faulkner**

Escritor y poeta
estadounidense

# Hoy doy las gracias

Fecha

1

2

3

4

5

6

7

Cuando damos alegremente y aceptamos
con gratitud, todos somos bendecidos.

*Maya Angelou*
Escritora y activista
por los derechos civiles
estadounidense

Hoy doy
las gracias
1
2
3
4
5
6
7

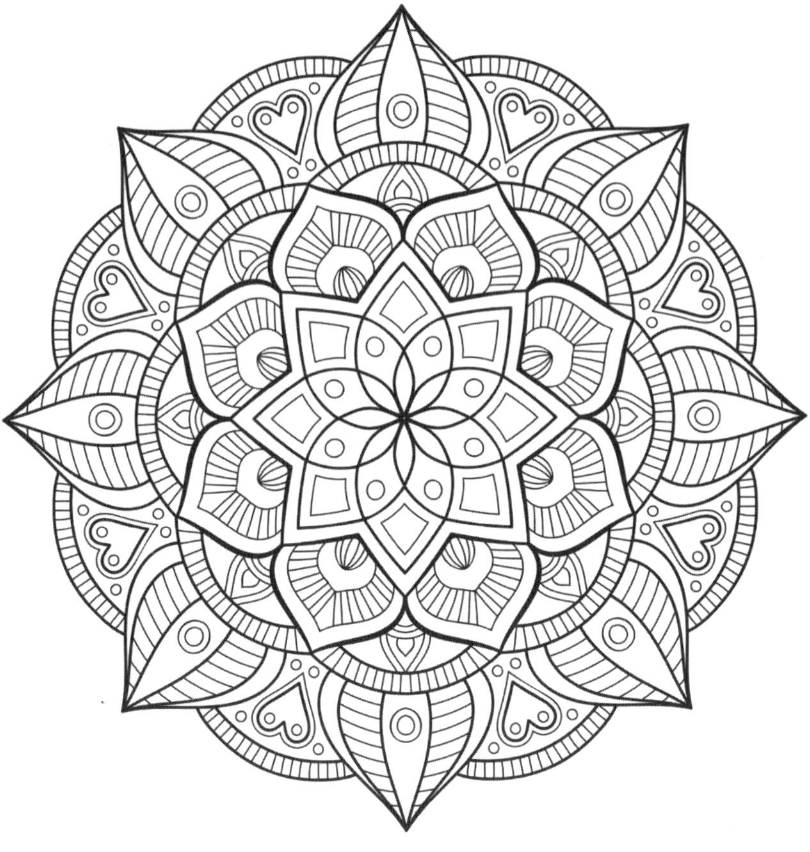

Dios te dio un regalo de 86.400 segundos hoy. ¿Has usado uno para decir 'gracias'? Si se siente gratitud y no se expresa es como envolver un regalo y no darlo.

*William Arthur Ward*

Escritor estadounidense

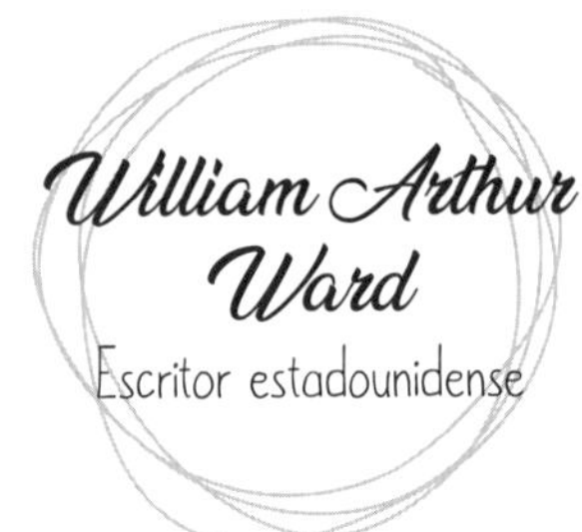

1
2
3
4
HOY DOY LAS GRACIAS
5
6
7

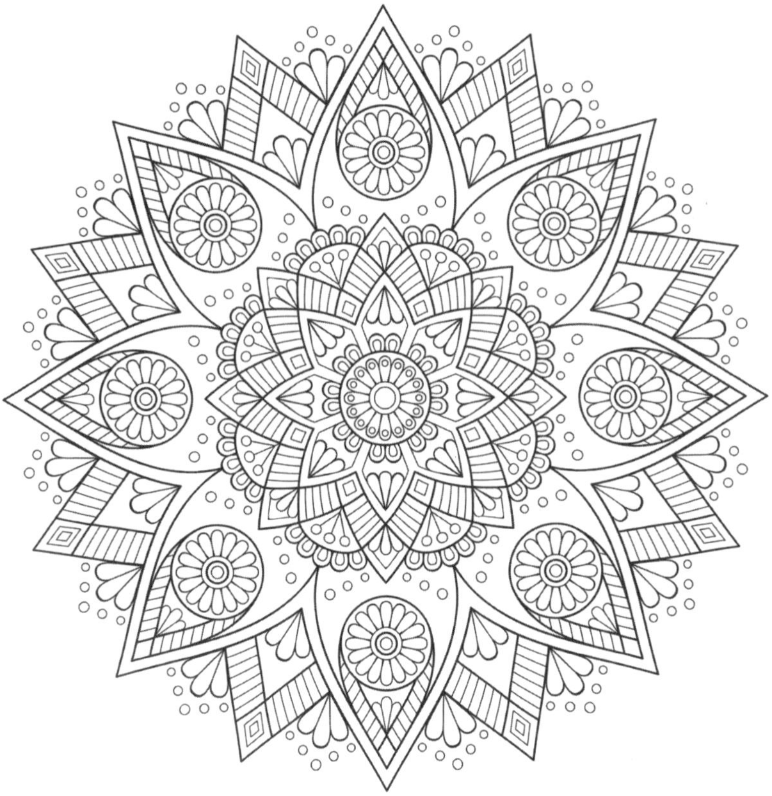

No hay ejercicio de la mente más agradable que la gratitud. Se acompaña de una satisfacción interna tal que el deber es recompensado suficientemente por el desempeño.

**Joseph Addison**

Político y escritor británico

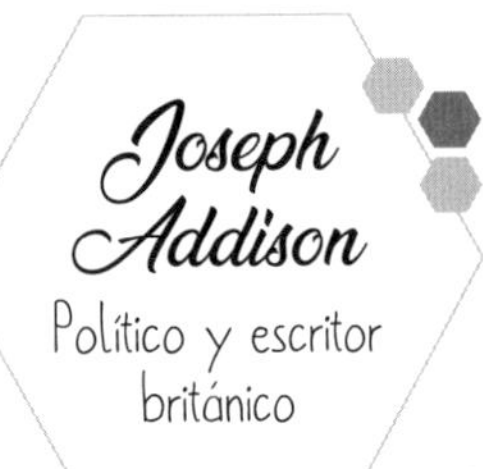

HOY DOY LAS
GRACIAS
1
2
3
4
5
6
7

A partir de hoy,
no me pongo límites,
yo puedo

MEDITACIÓN RECOMENDADA | *Libérate de las creencias limitantes* - Meditación guiada

Date un regalo de cinco minutos para contemplar con asombro todo lo que ves a tu alrededor. Sal al exterior y vuelve tu atención a los muchos milagros que hay cerca de ti. Esta costumbre de cinco minutos al día de reconocimiento y gratitud te ayudará a enfocar tu vida en el asombro.

**Wayne Dyer**
Psicólogo y escritor
estadounidense

# Hoy doy las gracias

Fecha

1

2

3

4

5

6

7

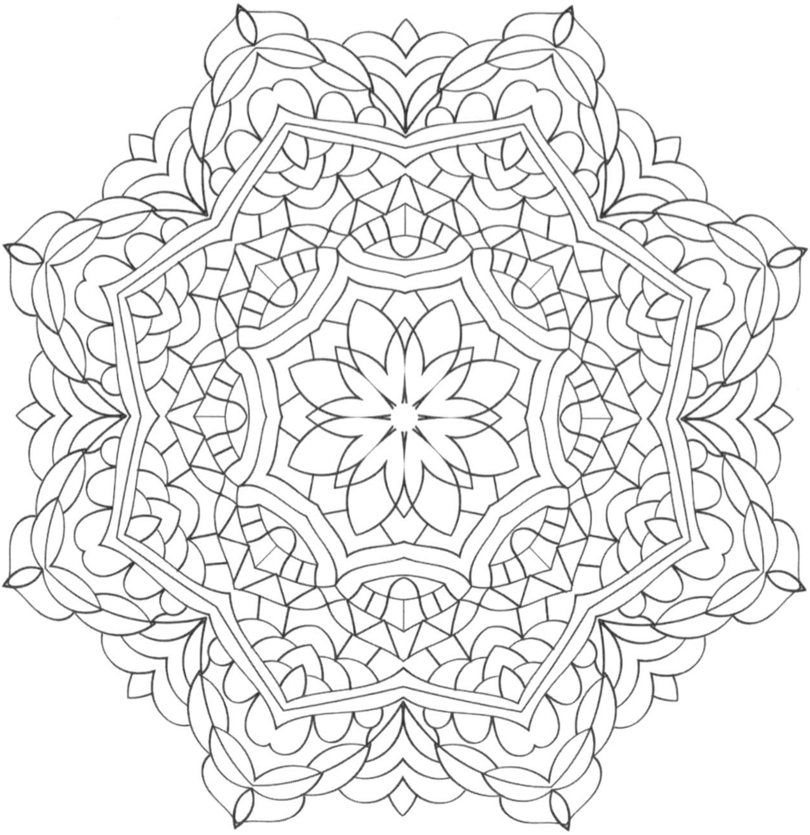

El valor intrínseco de la vida depende de la
conciencia y del poder de contemplación,
no de la mera supervivencia.

Hoy doy
las gracias
1
2
3
4
5
6
7

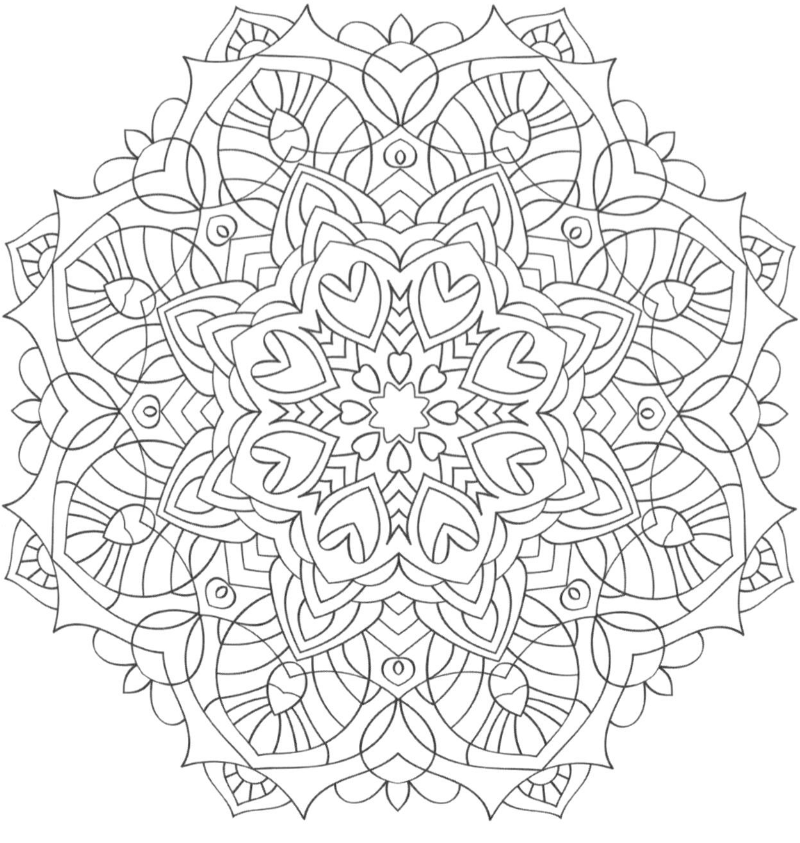

Estoy agradecida a todas las almas.
Me encuentro en el viaje de la vida.

Lailah Gifty Akita
Oceanógrafa y escritora ghanesa

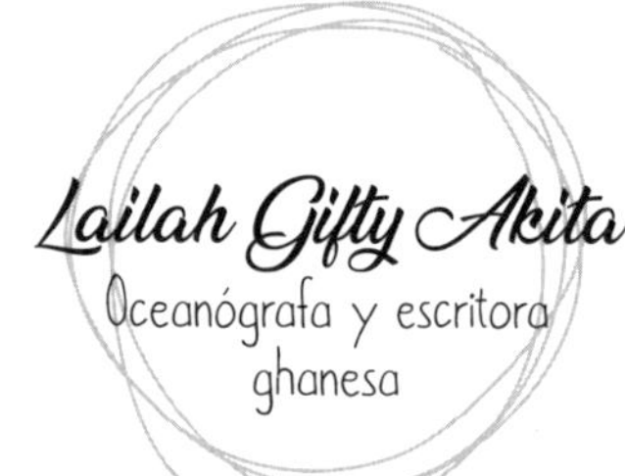

1
2
3
4
HOY DOY LAS
GRACIAS
5
6
7

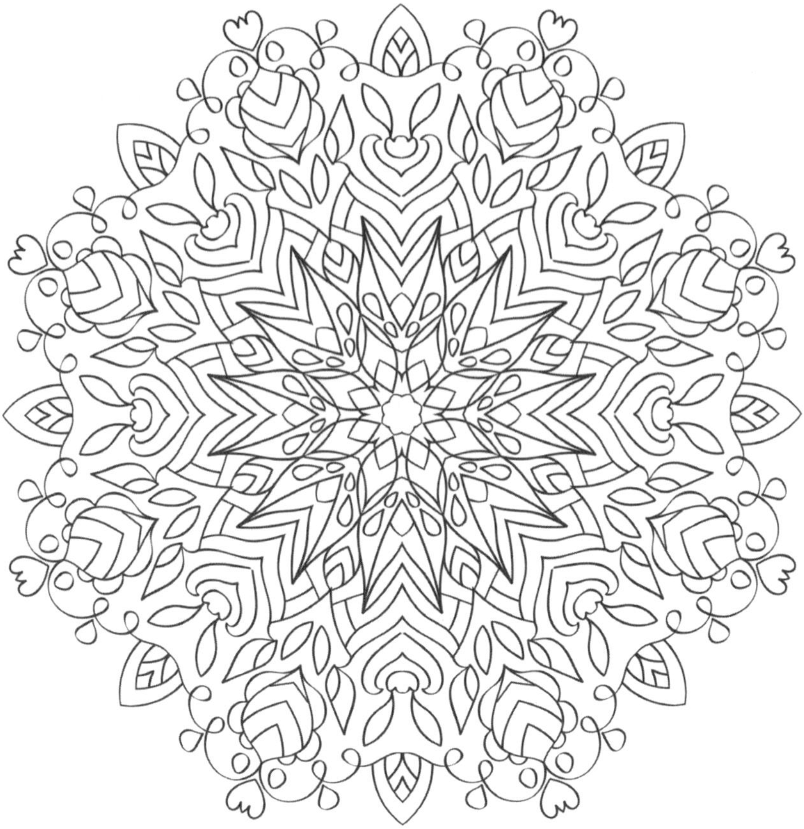

Cuenta tu edad por amigos, no con años.
Cuenta tu vida por sonrisas, no por lágrimas.

**John Lennon**
Músico y compositor británico

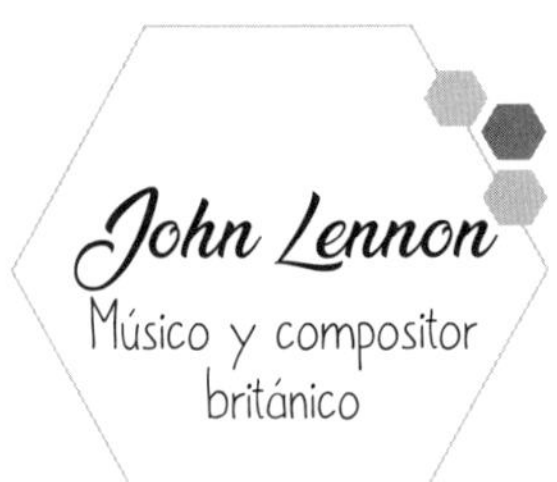

# HOY DOY LAS GRACIAS

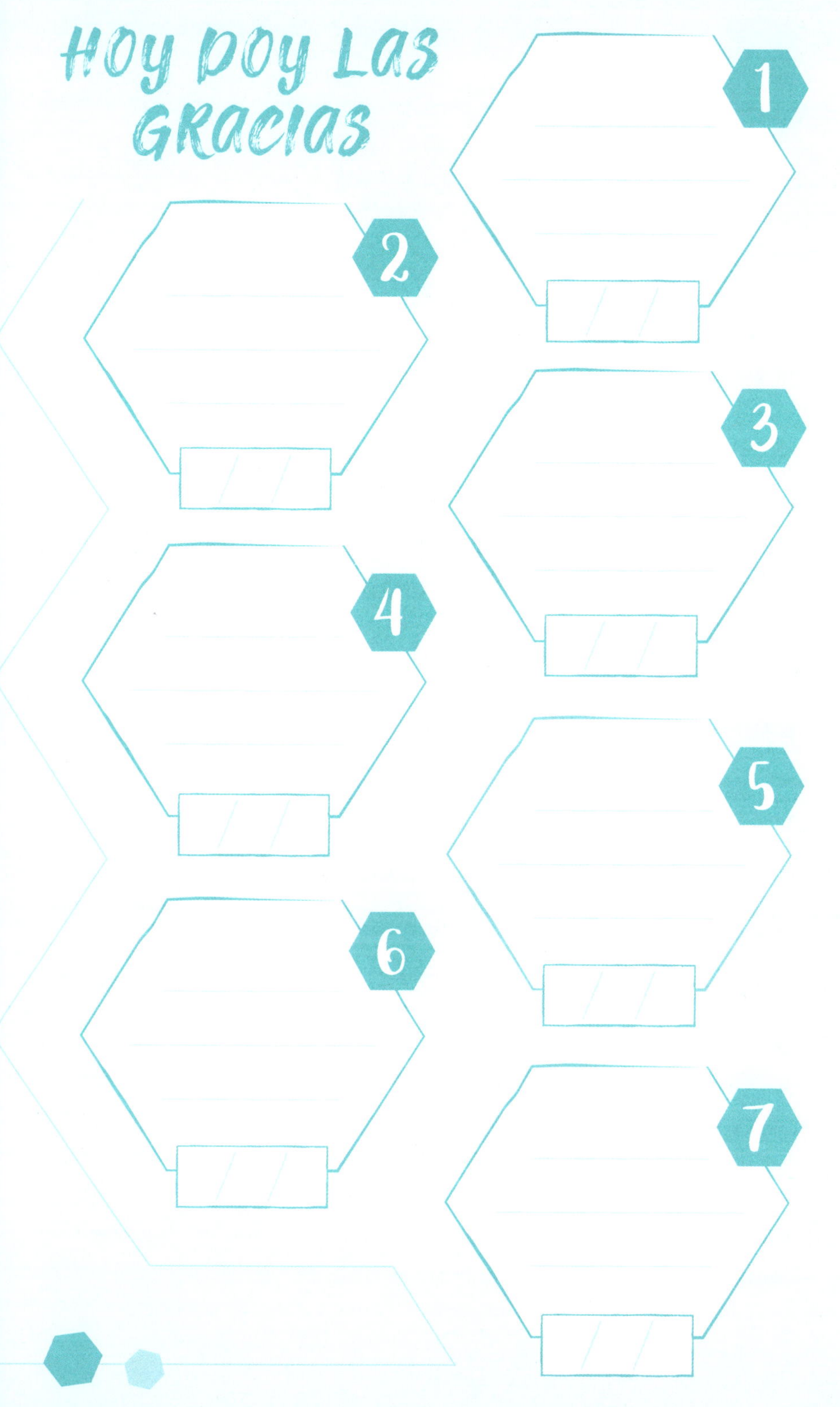

A partir de hoy,
persigo mis sueños

 MEDITACIÓN RECOMENDADA | *Conexión con el corazón*

Es una señal de mediocridad demostrar
la gratitud con moderación.

*Roberto Benigni*
Actor y director
de cine italiano

# Hoy doy las gracias

Fecha

1

2

3

4

5

6

7

No es posible experimentar una euforia constante, pero si eres agradecido, puedes encontrar la felicidad en todo.

*Pharrell Williams*
Cantante, compositor y productor estadounidense

Hoy doy
las gracias
1
2
3
4
5
6
7

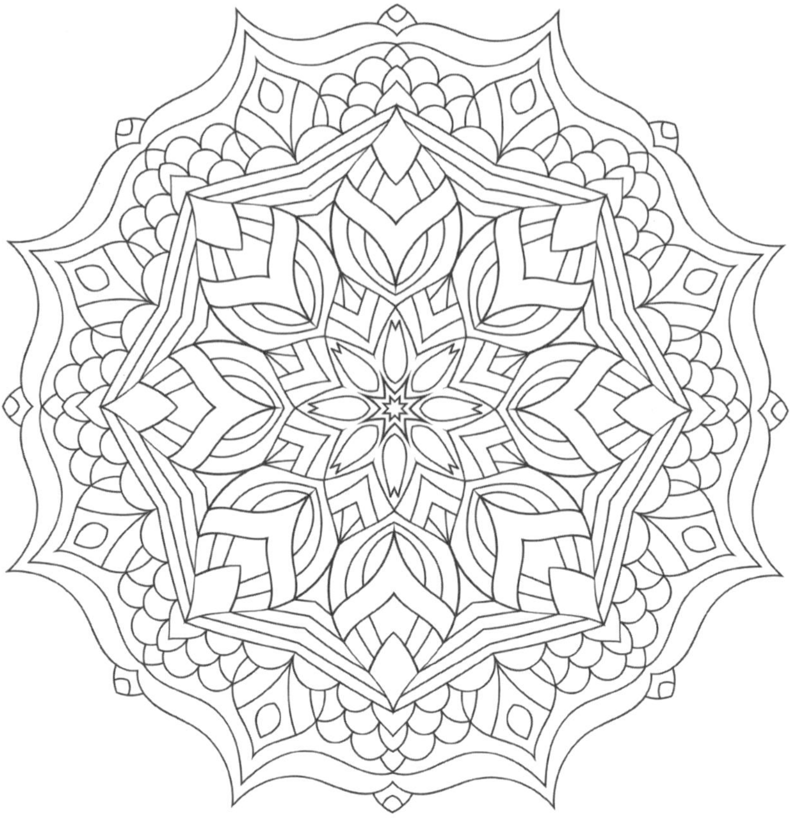

Siempre hay que encontrar el tiempo
para agradecer a las personas que
marcan una diferencia en nuestra vida.

*John F. Kennedy*
Presidente de EE. UU.

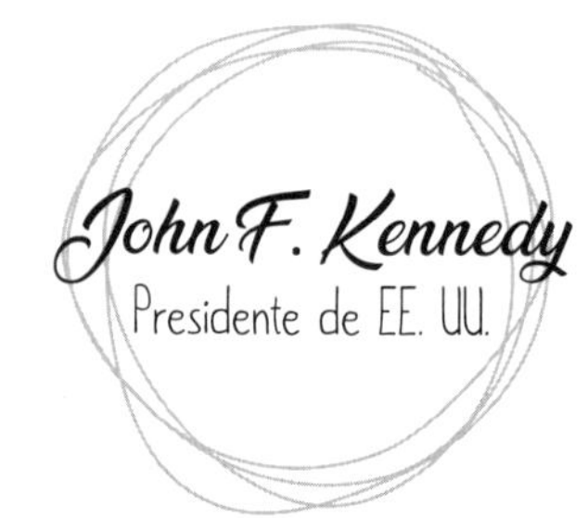

1
2
3
4
HOY DOY LAS
GRACIAS
5
6
7

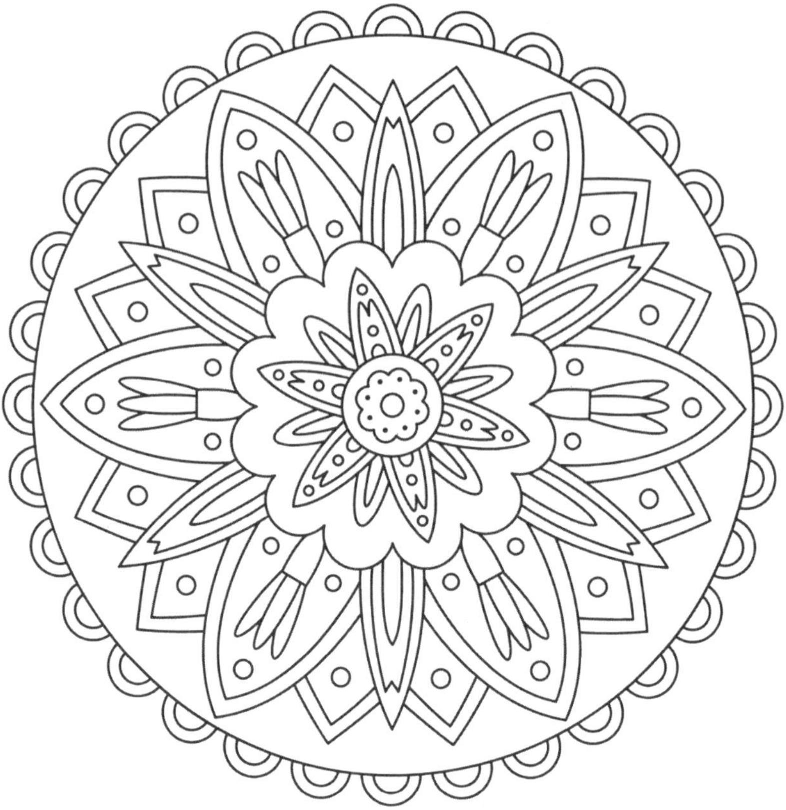

Cuando te levantes por la mañana piensa
en el hermoso privilegio de estar vivo:
respirar, pensar, disfrutar y amar.

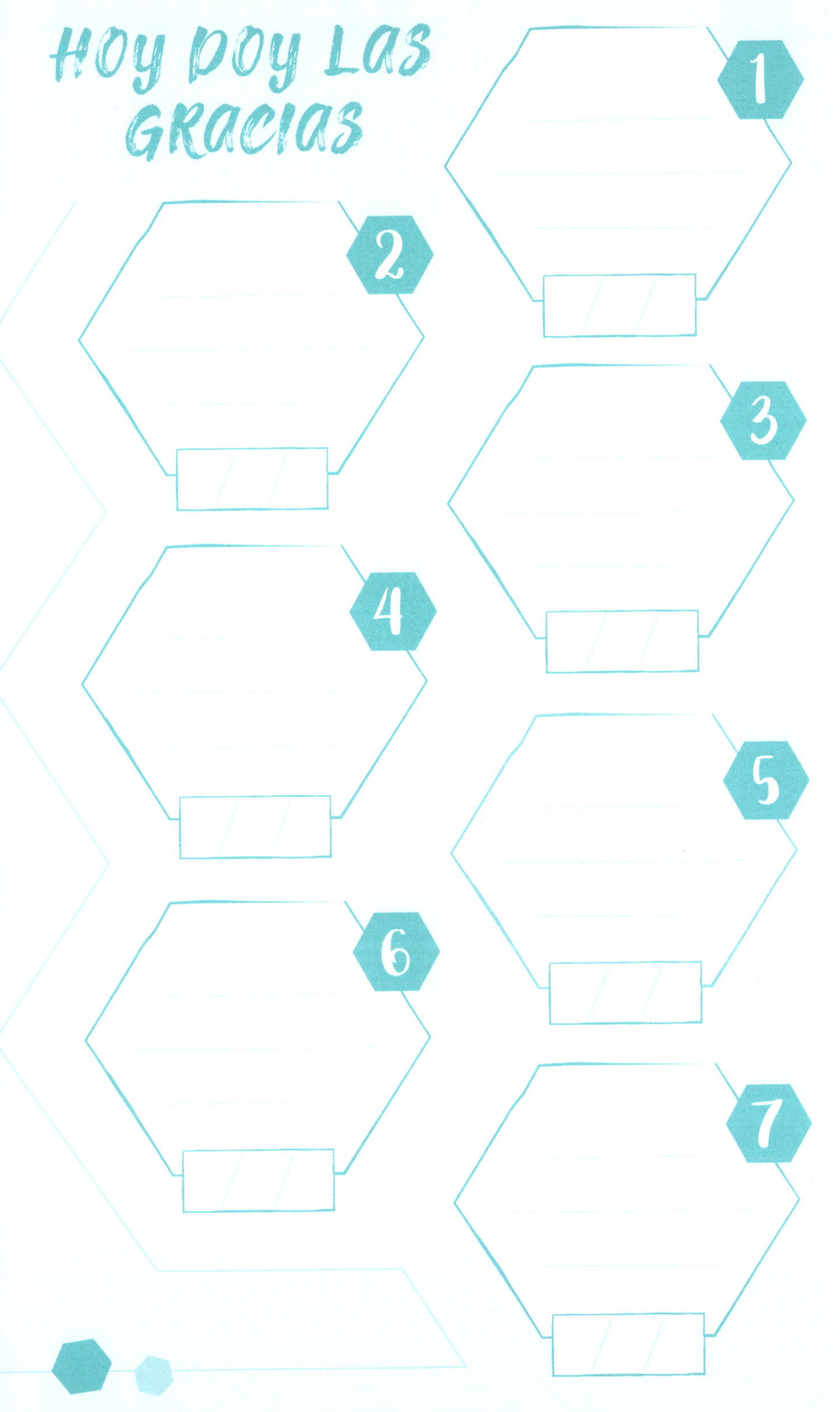

HOY DOY LAS GRACIAS
1
2
3
4
5
6
7

A partir de hoy,
no me exijo tanto

La gratitud es la memoria del corazón.

Jean Baptiste
Massieu
Obispo y activista político
francés

# Hoy doy las gracias

Fecha

1

2

3

4

5

6

7

La lucha termina cuando comienza la gratitud.

Neale Donald
Walsch
Novelista
estadounidense

Hoy doy
las gracias
1
2
3
4
5
6
7

Olvídate de las heridas.
Nunca olvides las bondades.

**Confucio**
Pensador
y filósofo chino

1
2
3
4
HOY DOY LAS
GRACIAS
5
6
7

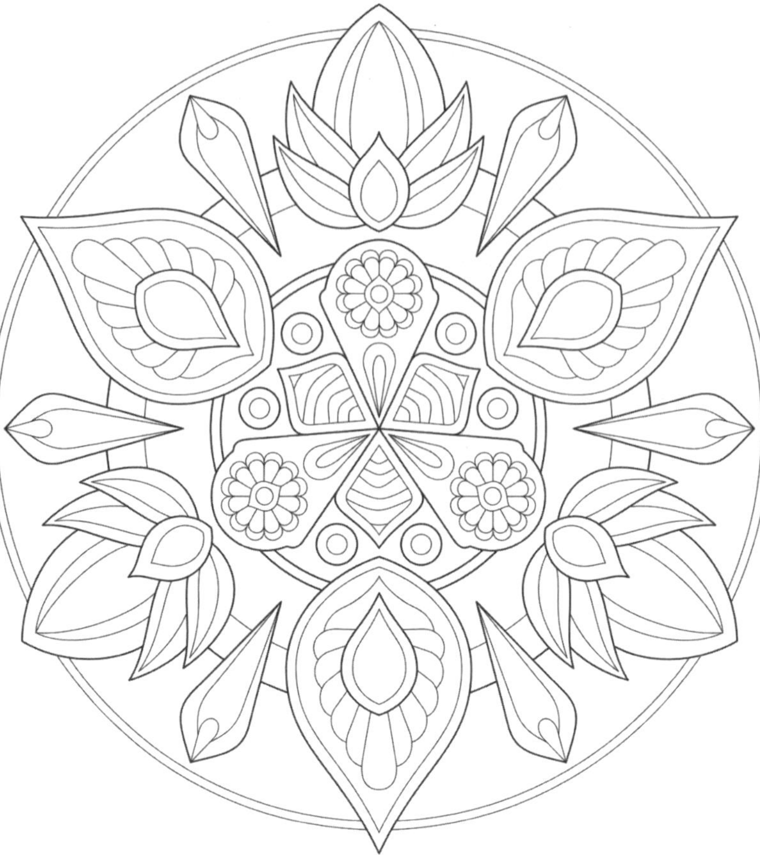

Reconocer el bien que ya tienes en tu vida
es el fundamento de toda la abundancia.

Eckhart Tolle
Escritor alemán

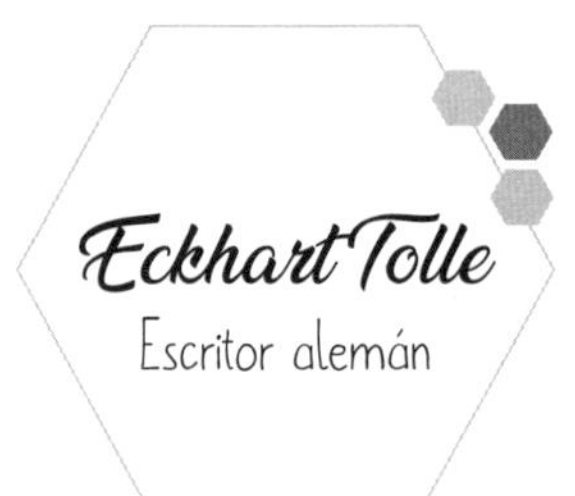

HOY DOY LAS GRACIAS
1
2
3
4
5
6
7

A partir de hoy,
abrazo la belleza
de mi cuerpo

La gratitud, como ciertas flores,
no se da en la altura, y mejor reverdece
en la tierra buena de los humildes.

**José Martí**
Político y escritor cubano

# Hoy doy las gracias

Fecha

1

2

3

4

5

6

7

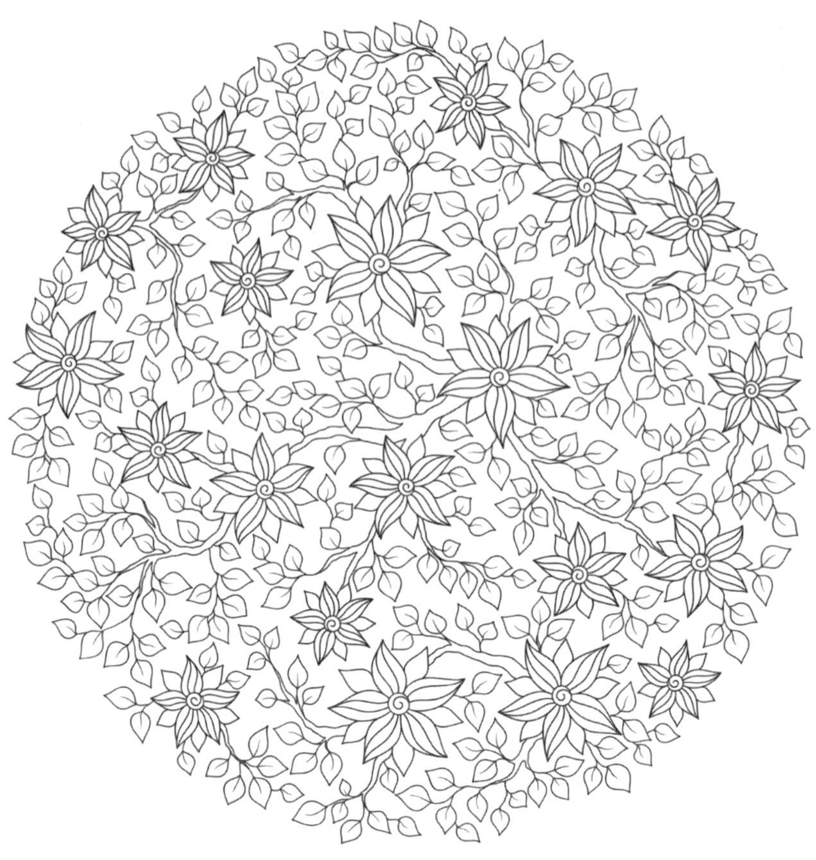

Sé agradecido por lo que tienes y cada vez tendrás más. Si te concentras en lo que no tienes, nunca tendrás suficiente.

Hoy doy las gracias
1
2
3
4
5
6
7

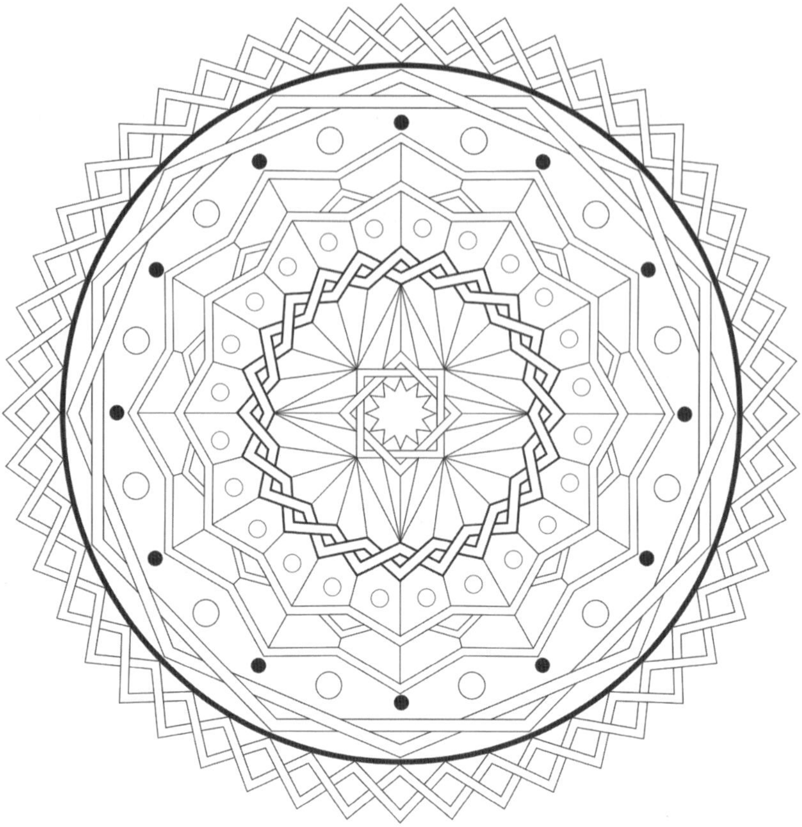

El receptor agradecido tiene
una cosecha abundante.

1
2
3
4
HOY DOY LAS
GRACIAS
5
6
7

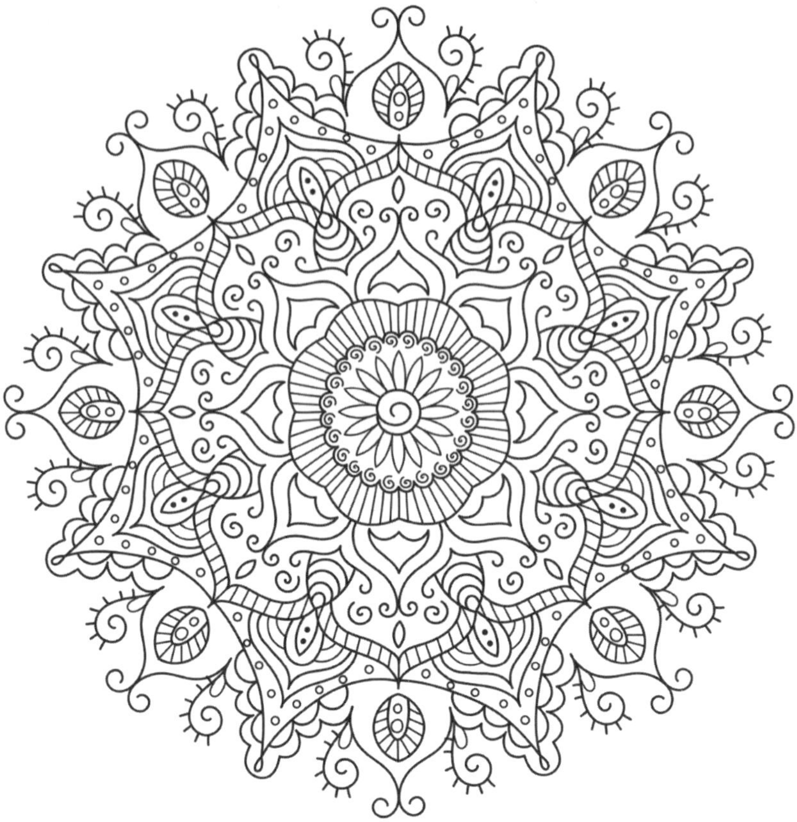

Mientras el río corra, los montes hagan sombra y en el cielo haya estrellas debe durar la memoria del beneficio recibido en la mente del hombre agradecido.

**Publio Virgilio**
Poeta romano

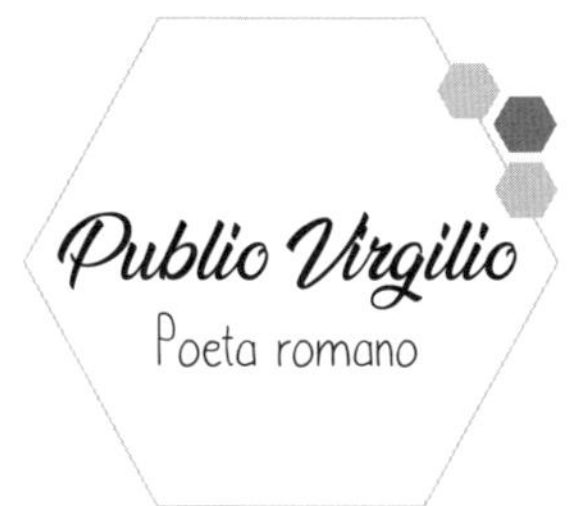

HOY DOY LAS GRACIAS
1
2
3
4
5
6
7

A partir de hoy,
no juzgo ni me juzgo

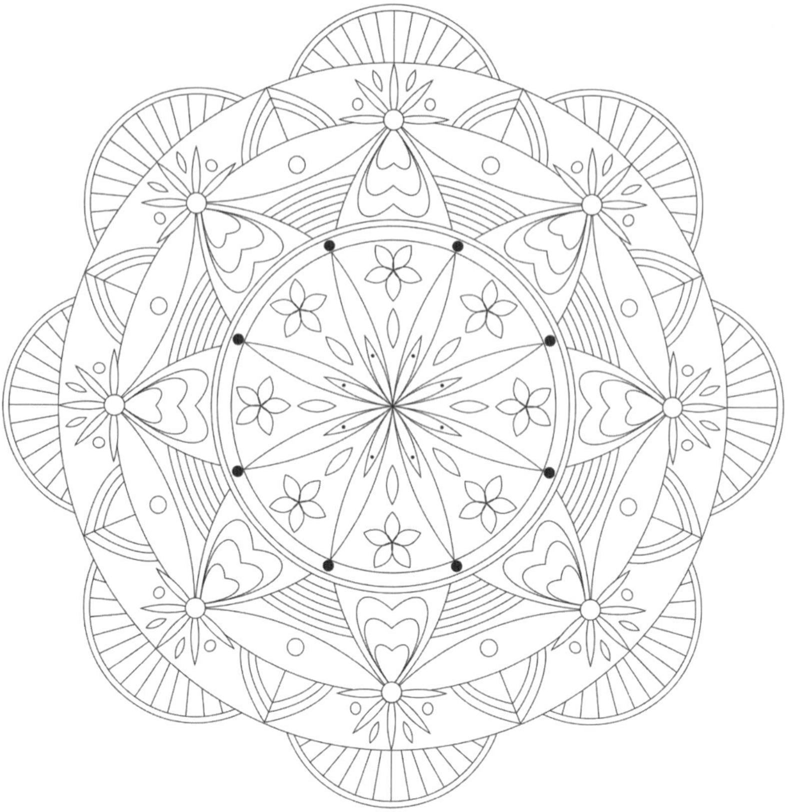

'Gracias' es la mejor oración que alguien puede decir. Yo la digo mucho. 'Gracias' expresa gratitud extrema, humildad, comprensión

# Hoy doy las gracias



1.

2.

3.

4.

5.

6.

7.

La raíz de la alegría es el agradecimiento.
No es la alegría lo que nos hace agradecidos;
es la gratitud la que nos hace alegres.

**David Steindl - Rast**
Religioso y conferenciante austriaco

Hoy doy
las gracias
1
2
3
4
5
6
7

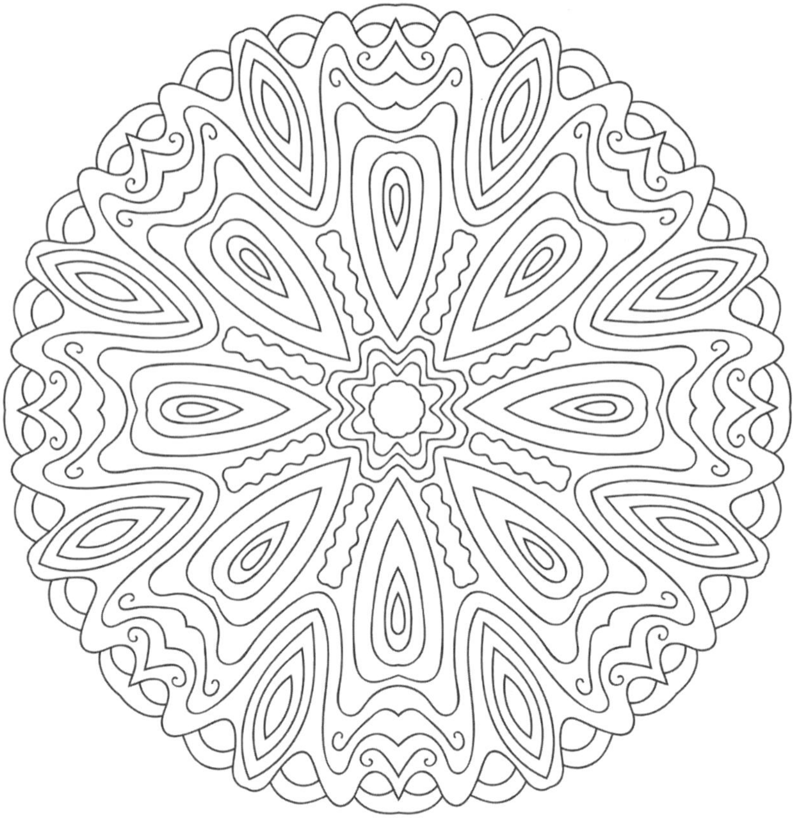

Una de las ventajas de las buenas acciones es la de elevar el alma y disponerla a hacer otras mejores.

**Jean Jacques Rousseau**
Escritor y filósofo suizo

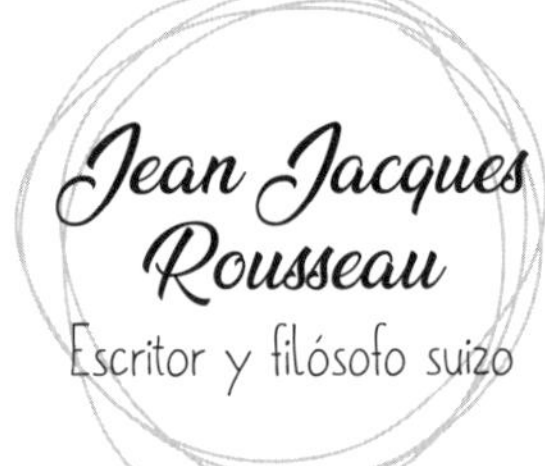

1
2
3
4
HOY DOY LAS GRACIAS
5
6
7

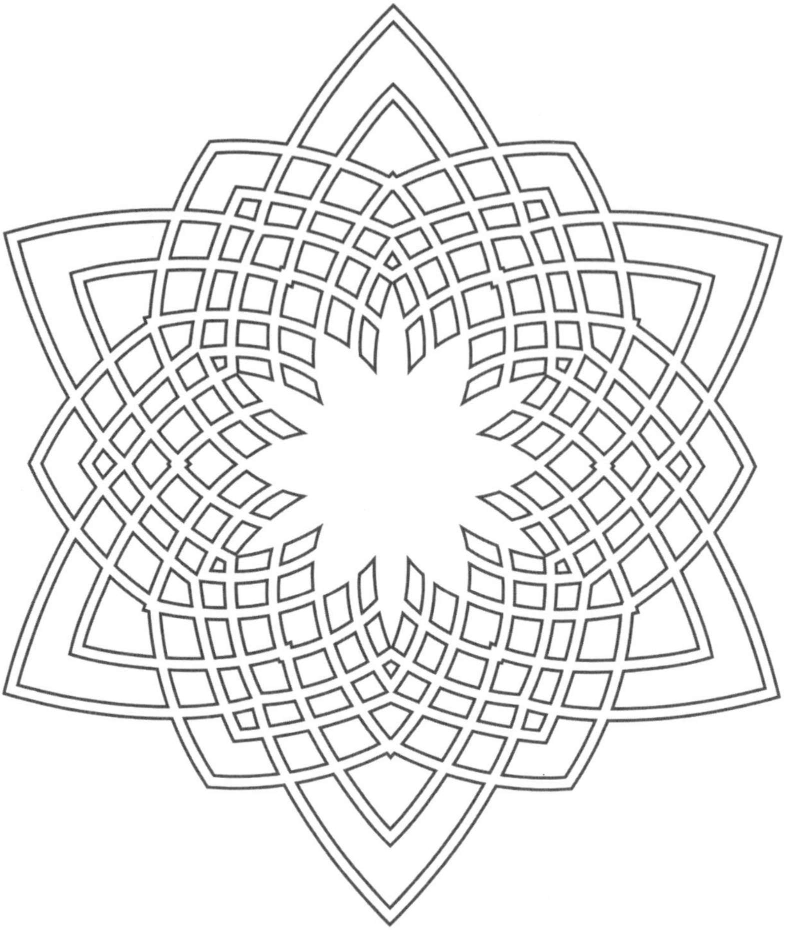

La gratitud es la capacidad de experimentar la vida como un regalo. Nos libera de la prisión de la autopreocupación.

**John Ortberg**
Escritor y orador estadounidense

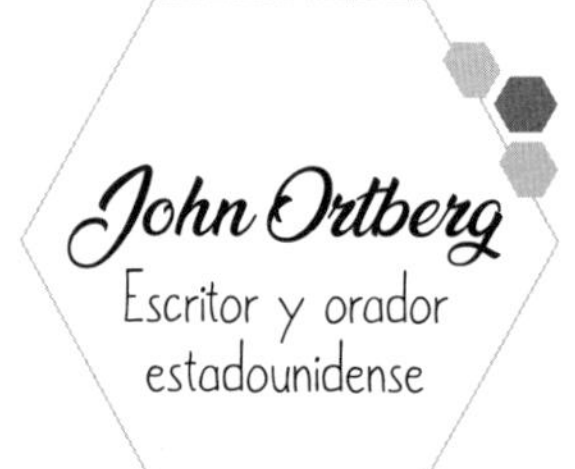

# HOY DOY LAS GRACIAS

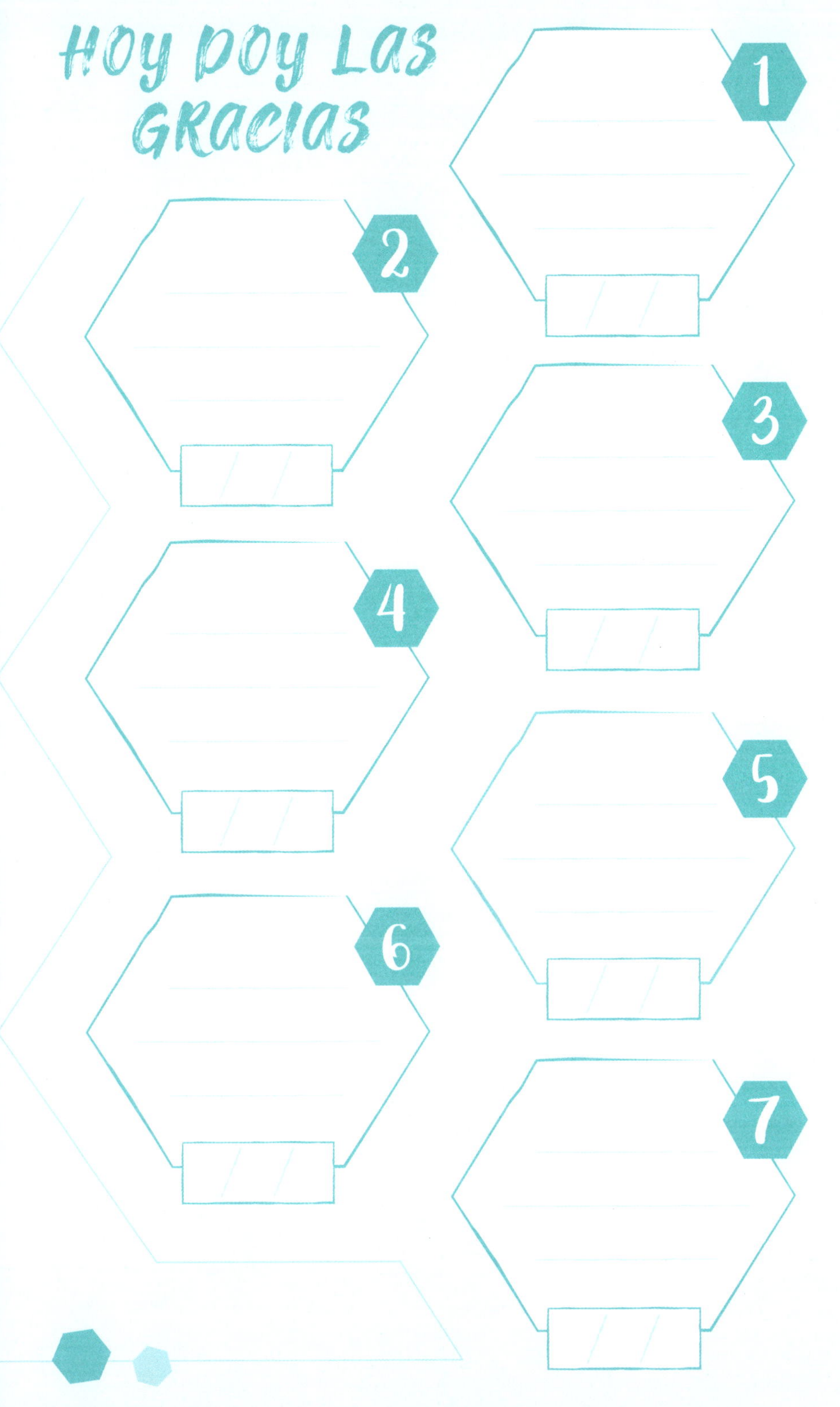

A partir de hoy,
pongo límites y rechazo
lo que no quiero en
mi vida

Miré a mi alrededor y pensé en mi vida.
Me sentí agradecida. Noté cada detalle.
Esa es la clave para viajar en el tiempo.
Solo puedes moverte si realmente estás
en el momento. Tienes que estar donde
estás para llegar adonde necesitas ir.

**Amy Poehler**
Actriz estadounidense

# Hoy doy las gracias

Fecha

1

2

3

4

5

6

7

A los 18 años decidí no tener nunca otro mal día en mi vida. Me sumergí en un mar infinito de gratitud del que nunca he salido.

**Patch Adams**
Médico, activista social y escritor estadounidense

Hoy doy
las gracias
1
2
3
4
5
6
7

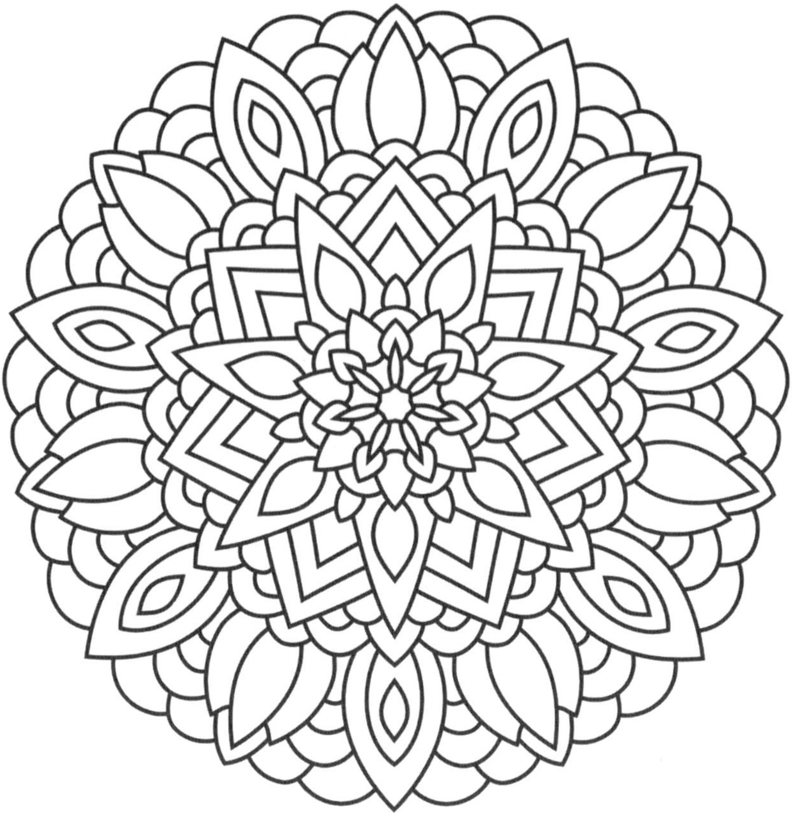

La gratitud es una descripción de un modo de vida exitoso. El corazón agradecido abre nuestros ojos a una multitud de bendiciones que nos rodean continuamente.

*James E. Faust*

Político y líder religioso estadounidense

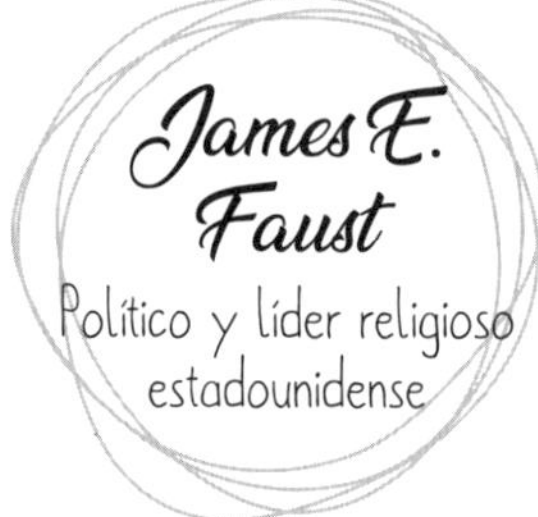

1
2
3
4
HOY DOY LAS
GRACIAS
5
6
7

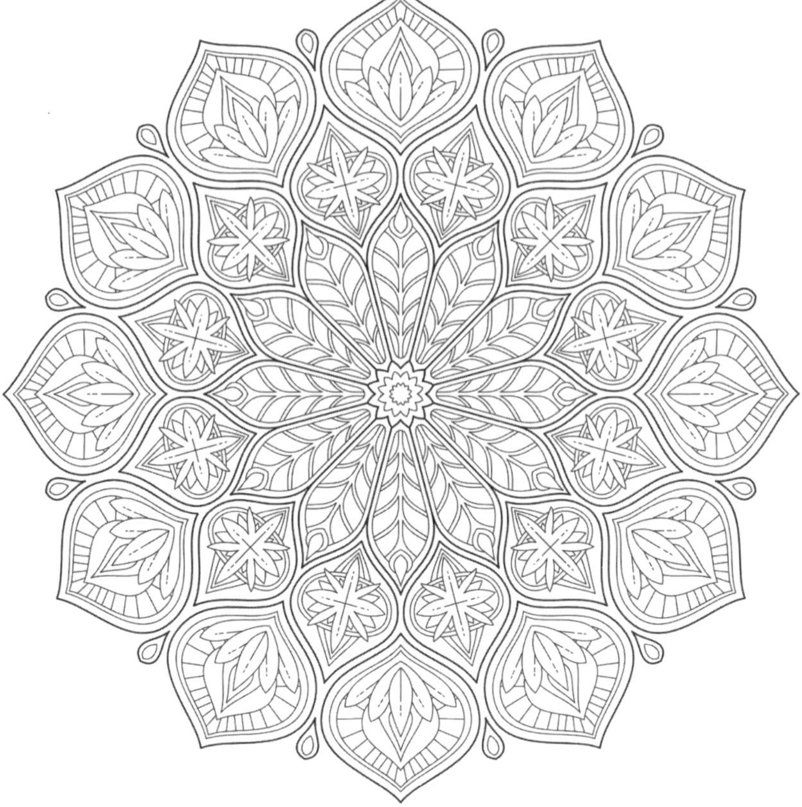

Gracias a la vida que me ha dado tanto /
me ha dado la risa y me ha dado el llanto /
así yo distingo dicha de quebranto /
los dos materiales que forman mi canto.

'Gracias a la vida'
**Violeta Parra**
Cantautora chilena

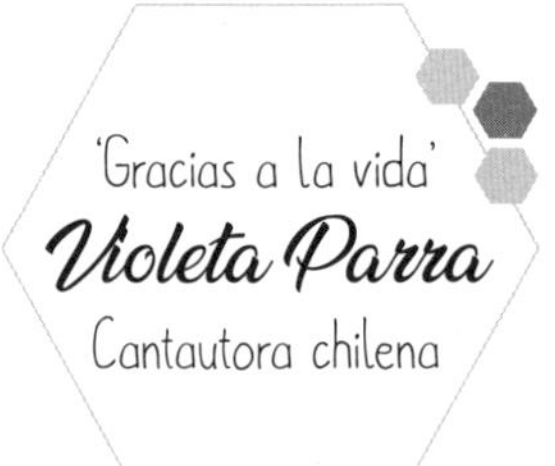

HOY DOY LAS GRACIAS
1
2
3
4
5
6
7

A partir de hoy,
me escucho
y me atiendo

La gratitud desbloquea la plenitud de la vida. Convierte lo que tenemos en suficiente y más. Convierte la negación en aceptación, el caos en orden, la confusión en claridad. Puede convertir una comida en una fiesta, una casa en un hogar, un extraño en un amigo.

*Melody Beattie*
Periodista y escritora
estadounidense

# Hoy doy las gracias

Fecha

1.

2.

3.

4.

5.

6.

7.

La gratitud es riqueza.
La queja es pobreza..

**Doris Day**
Actriz estadounidense

Hoy doy
las gracias
1
2
3
4
5
6
7

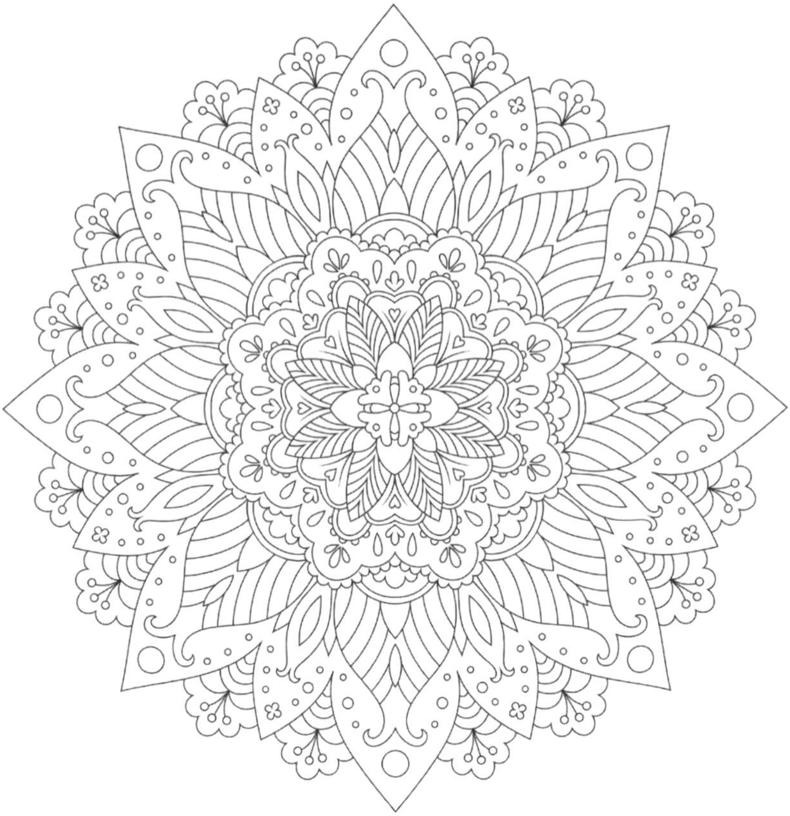

Levantémonos y agradezcamos, porque si no aprendimos mucho hoy, al menos aprendimos un poco, y si no aprendimos un poco, al menos no nos enfermamos, y si caímos enfermos, al menos no morimos, así que debemos estar agradecidos.

**Siddharta Gautama, Buda**

Asceta y filósofo hindú

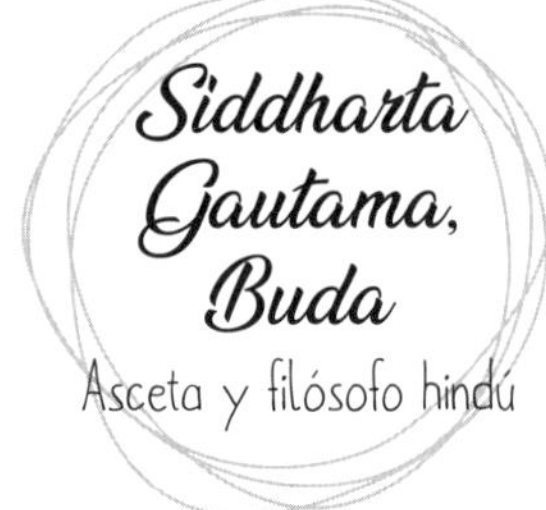

1
2
3
4
HOY DOY LAS GRACIAS
5
6
7

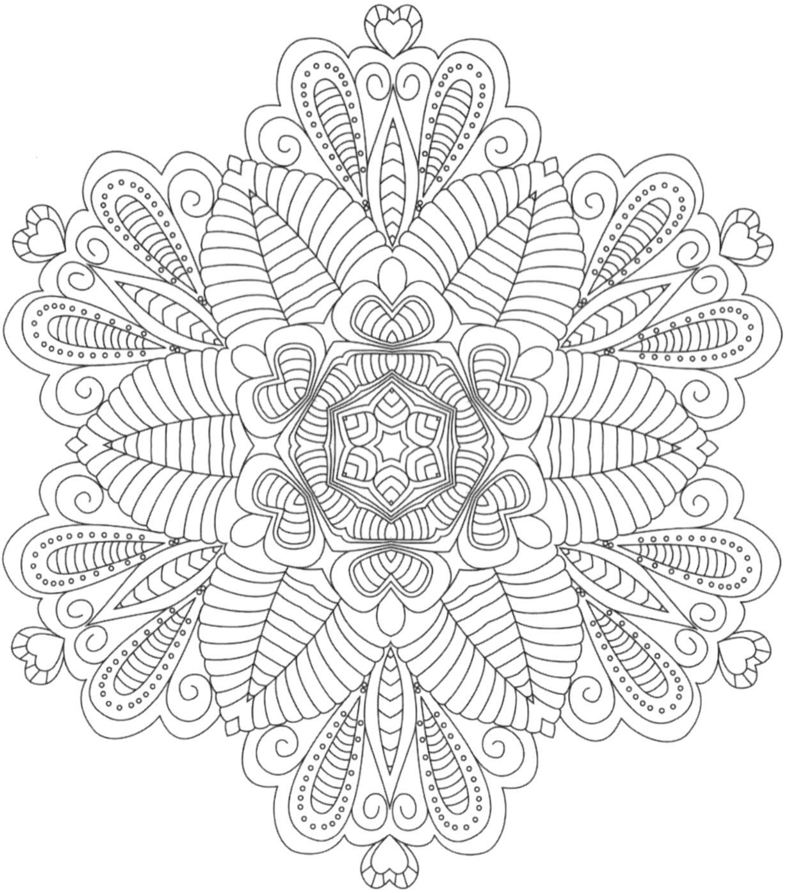

El hecho de que sea irrepetible /
es lo que hace tan dulce la vida.

'Poema Número 1741'

**Emily Dickinson**

Poetisa estadounidense

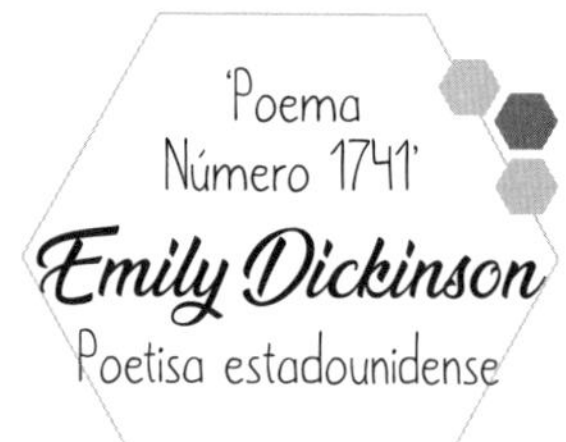

# HOY DOY LAS GRACIAS

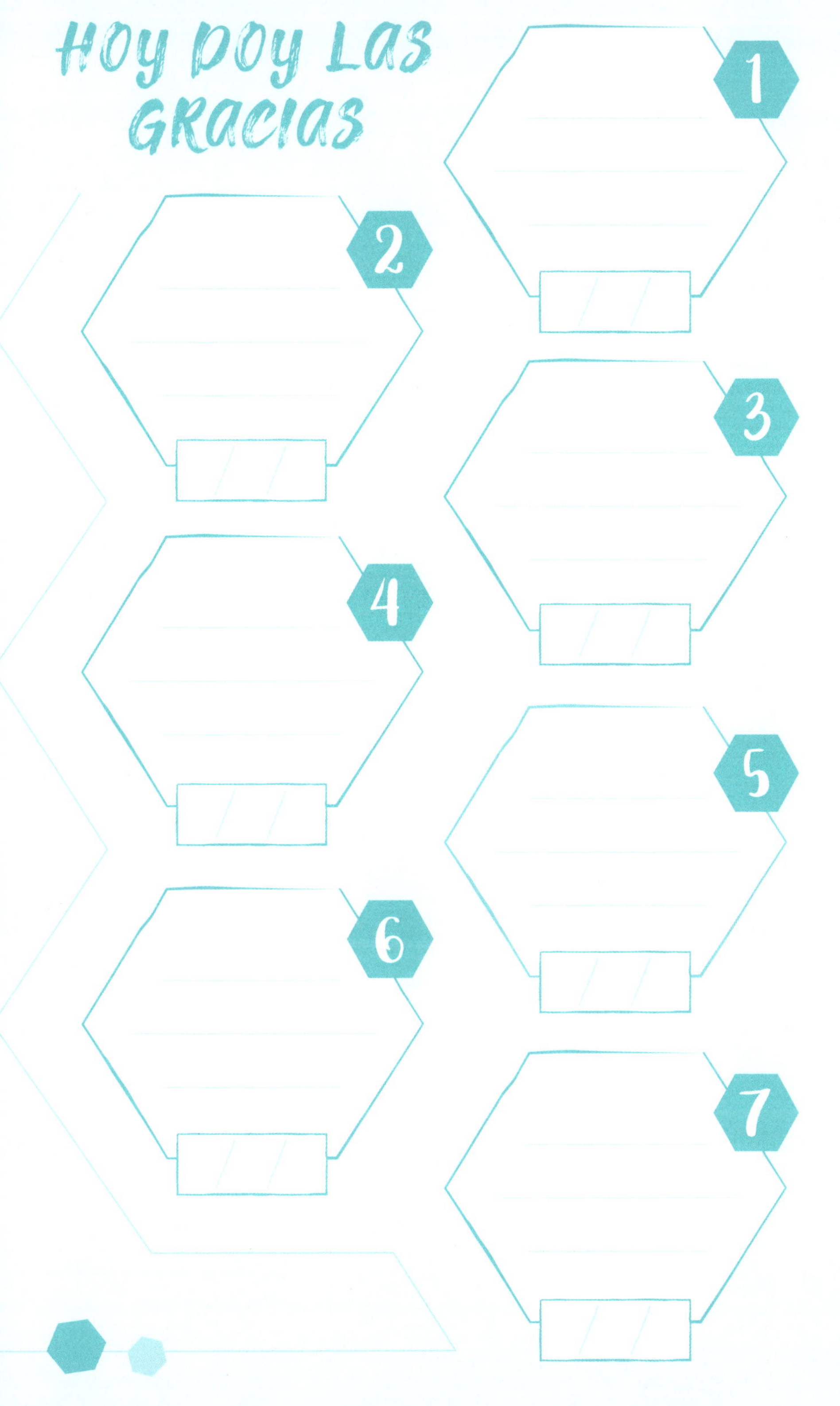

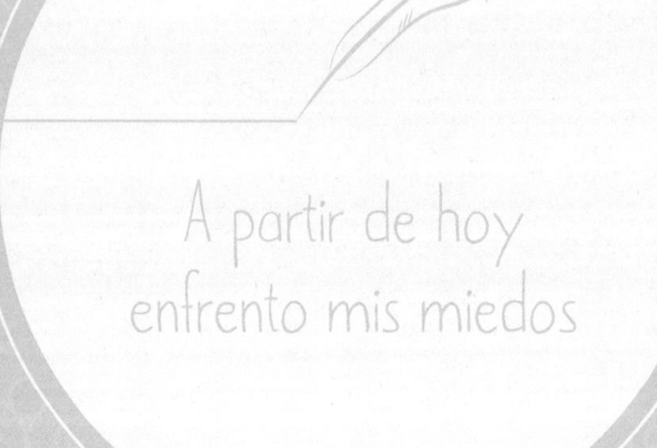
A partir de hoy
enfrento mis miedos

1 — Autoestima

2 — Calma profunda

3 — La sanación de las 5 heridas

4 — La meditación del perdón

5 — La rueda medicinal del Ayurveda

6 — Práctica de Mindfulness

7 — El guerrero pacífico

8 — Meditación de la energía positiva

9 — El camino más fácil para vivir

| 10 | 11 | 12 |
|---|---|---|

Soltar la ira

Tu mejor versión

Libérate de las creencias limitantes

| 13 | 14 | 15 |
|---|---|---|

Crear lo imposible

Conexión con el corazón

Agilidad emocional

| 16 | 17 | 18 |
|---|---|---|

Sanando el niño interior

Mímate, ama tu cuerpo

Relajación plena

**19**

Del hacer
al ser

**20**

Meditación
de la intención

**21**

El poder de la
integridad

**22**

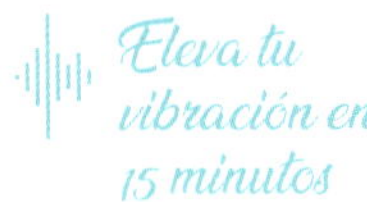
Eleva tu
vibración en
15 minutos

**23**

La estela
de la felicidad

**24**

Meditación
guiada de
Aurora López
Valver

**25**

Inteligencia
emocional
para la vida
cotidiana

**26**

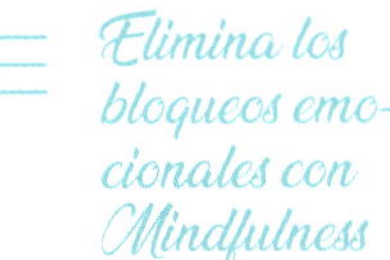
Elimina los
bloqueos emo-
cionales con
Mindfulness